गाता जाये बंजारा

ساحر صاحب کا آخری خط

[illegible]

साहिर की कलम से लिखा यह पत्र उन्होंने 22 अक्टूबर 1980 को स्टार पब्लिकेशंस के निदेशक श्री अमर नाथ वर्मा के नाम भेजा था, जो उनके जीवन का अन्तिम पत्र था!

लो अपना जहाँ ऐ दुनिया वालों, हम इस दुनिया को छोड़ चले
जो रिश्ते-नाते जोड़े थे, वह रिश्ते-नाते तोड़ चले

-साहिर लुधियानवी

गाता जाए बंजारा

साहिर लुध्यानवी

हिन्दी बुक सेन्टर

ISBN : 978-81-86264-25-6

मूल्य : रु. 250/-

नवीन संस्करण : 2025

प्रकाशक
हिन्दी बुक सेंटर
4/5-बी, आसफ अली रोड
नई दिल्ली - 110002

लेज़र कम्पोज़िंग : आर.एस. प्रिंट्स, नई दिल्ली

मुद्रक : आदर्श प्रिटर्स, नई दिल्ली

Ludhianvi, Sahir
Gata Jaye Banjara
Poetry
Price: Rs. 250/-

उन सभी कलाकारों के नाम-
जिन्होंने इन गीतों के लिए अपनी आवाजें,
अपनी धुनें और अपने चेहरे दिये!

— साहिर

भूमिका

'गाता जाये बंजारा' फिल्म के लिए लिखे गए गीतों का संकलन है। इसमें शक नहीं कि इस संकलन में कुछ ऐसे गीत भी सम्मिलित हैं, जो रेडियो या ग्रामोफोन रिकार्डों के लिए लिखे गए। मगर चूँकि इनकी संख्या सीमित है, इसलिए मैं इनके बारे में बहस नहीं करूंगा। सिर्फ़ फिल्मी-गीत-लेखन पर ही राय दूंगा।

फ़िल्म हमारे युग का सबसे प्रभावकारी तथा उपयोगी माध्यम है जिसे अगर रचनात्मक तथा प्रचारात्मक दृष्टिकोण से अपनाया जाए तो जनता के जीवन-स्तर और सामाजिक प्रगति की रफ़्तार को बहुत तेज़ किया जा सकता है। दुर्भाग्य से हमारे यहाँ अभी तक फ़िल्म के इस पहलू की ओर पूरा ध्यान नहीं दिया गया, क्योंकि यह दायित्व अभी तक प्रायः ऐसे लोगों के हाथों में है जो निजी लाभ को सामाजिक दायित्व से अधिक महत्त्वपूर्ण मानते हैं। इसलिए हमारी फिल्मी कहानियों, फ़िल्मी धुनों और फ़िल्मी गीतों का स्तर प्रायः निम्न होता है और शायद इसीलिये साहित्यिक क्षेत्र में फ़िल्मी साहित्य को घृणा की दृष्टि से देखा जाता है।

मैं उनके इस रवैये पर आपत्ति नहीं करता-बल्कि सच पूछा जाय तो उनकी कई बातों से मैं स्वयं भी सहमत हूँ। किन्तु कुछ आपत्तियाँ ऐसी हैं जो या तो उनके बढ़ते हुए कट्टरपन की उत्पत्ति है या फिर किसी अज्ञानता के कारण। इस प्रकार की आलोचना से न तो पाठक या दर्शक को कोई लाभ पहुँचता है और न ही किसी गीतकार को।

मेरा सम्बन्ध चूंकि फ़िल्म और साहित्य दोनों से है अतः मैं अपने साहित्यकार सहयोगियों की सूचना के लिए यहाँ कुछ बातें कहना आवश्यक समझता हूँ।

फ़िल्मी गीतकार को वह स्वतन्त्रता प्राप्त नहीं होती जो एक साहित्यिक कवि को मिलती है। गीतकार को हर स्थिति में ड्रामे की सीमा से प्रभावित रहना पड़ता है और पात्रों के मानसिक स्तर के अनुसार शब्दों और विचारों का चुनाव करना पड़ता है-बिल्कुल इस प्रकार जैसे एक संवाद लेखक को एक ही ड्रामे में नास्तिक और आस्तिक, मालिक और नौकर, शरीफ़ और बदमाश-सभी प्रकार के पात्रों का प्रतिनिधित्व करना पड़ता है। इसी प्रकार गीतकार के लिए भी आवश्यक होता है कि वह पात्रों और कथानक के अनुरूप सभी प्रकार के विचारों और भावनाओं को एक जैसी दृढ़ता के साथ प्रकट करे।

यह बात साहित्यिक शायरी से भिन्न भी है और कठिन भी है। अतः समालोचक के लिए यह आवश्यक है कि जब वह फिल्मी गीतों की समालोचना करे तो केवल यही न देखे कि अमुक गीत किस कवि ने लिखा है बल्कि इस बात को भी ध्यान में रखे कि वह किस पात्र के लिए लिखा गया। इस सम्बन्ध में यह ध्यान रखना भी आवश्यक है कि फ़िल्मी गीत प्रायः बनी-बनाई धुनों पर लिखे जाते हैं। हमारे यहाँ क्योंकि अभी तक संगीत का 'कापी राइट' नहीं है इसलिए फ़िल्मी संगीत में विदेशी धुनों का प्रयोग पर्याप्त किया जाता है। इसका निश्चित परिणाम यह होता है कि कवि को कई बार कविता की प्रचलित छन्द रीतियों से हटना पड़ता है और कई बार शाब्दिक मूल्यों को

भूलकर ध्वनि अनुकूलता पर सन्तोष करना पड़ता है।

शब्दों के चुनाव में भी उसे इस बात का ध्यान रखना पड़ता है कि देश के दूरस्थ अंचलों में बसने वाले लोग, जिनमें प्रायः अनपढ़ लोगों की संख्या अधिक होती है और जिनकी भाषा उर्दू या हिन्दी नहीं है, भी उन गीतों के अर्थ समझ सकें।

स्पष्ट है इन बन्धनों के कारण जो काव्य–साहित्य लिखा जायेगा वह कला की उन ऊंचाइयों को स्पर्श नहीं कर सकेगा जो अच्छे साहित्य का भाग है। फिर भी इस माध्यम के महत्त्व और आवश्यकता को भुलाया नहीं जा सकता। इसका अपना क्षेत्र है जो पुस्तकों, पत्रिकाओं, रेडियो और नाटक से अधिक बड़ा है और इसके द्वारा हम अपनी बात कम–से–कम समय में अधिक–से– अधिक लोगों तक पहुँचा सकते हैं।

मेरा सदैव यह प्रयास रहा है कि यथासंभव फ़िल्मी गीतों को सृजनात्मक काव्य के निकट ला सकूँ और इस प्रकार नये सामाजिक और राजनीतिक दृष्टिकोण को जन–साधारण तक पहुँचा सकूँ।

जहां तक इस संकलन के गीतों की लोकप्रियता का सम्बन्ध है इनमें से प्रायः की गणना अपने समय के सर्वाधिक लोकप्रिय गीतों में होती है। किन्तु मेरे निकट कलात्मक रचना की लोकप्रियता ही सब कुछ नहीं। यदि इस संकलन से आप महसूस करें कि ये गीत आपके मनोरंजन की सामग्री प्रस्तुत करने के साथ–साथ आपकी राजनीतिक, सामाजिक और साहित्यिक रुचि की भी सन्तुष्टि करते हैं तो मैं समझूँगा कि मेरा प्रयास असफ़ल नहीं गया।

साहिर लुध्यानवी

बंबई, २३ मार्च १९७४

अनुक्रम

बस्ती बस्ती, परबत परबत गाता जाये बंजारा
लेकर दिल का इकतारा

— साहिर

अश्कों में जो पाया है वो गीतों में दिया है
इस पर भी सुना है कि ज़माने को गिला है

जो तार से निकली है वो धुन सबने सुनी है
जो साज़ पे गुज़री है वो किस दिल को पता है

हम फूल हैं औरों के लिए लाए हैं खुशबू
अपने लिए ले दे के बस इक दाग़ मिला है।

❐ ❐

भरम तेरी वफ़ाओं को मिटा देते तो क्या होता
तेरे चेहरे से हम पर्दा उठा देते तो क्या होता

मोहब्बत भी तिजारत हो गई है इस ज़माने में
अगर ये राज़ दुनिया को बता देते तो क्या होता

तेरी उम्मीद पर जीने से हासिल कुछ नहीं, लेकिन
अगर यूं भी न दिल को आसरा देते तो क्या होता

❋

किसको खबर थी, किसको यक़ीं था, ऐसे भी दिन आएंगे
जीना भी मुश्किल होगा और मरने भी ना पाएंगे

हम जैसे बर्बाद दिलों का जीना क्या और मरना क्या
आज तेरी महफ़िल से उठे, कल दुनिया से उठ जाएंगे

❒ ❒

तदबीर से बिगड़ी हुई तक़दीर बना ले
अपने पे भरोसा है तो यह दाव लगा ले

डरता है ज़माने की निगाहों से भला क्या
इन्साफ़ तेरे साथ है इल्ज़ाम उठा ले

क्या ख़ाक वह जीना है जो अपने ही लिए हो
खुद मिट के किसी और को मिटने से बचा ले

टूटे हुए पतवार हैं किश्ती के तो ग़म क्या
हारी हुई बांहों को ही पतवार बना ले।

❐❐

❄

तुम न जाने किस जहां में खो गए
हम भरी दुनया में तनहा हो गए

मौत भी आती नहीं
आस भी जाती नहीं
दिल को ये क्या हो गया
कोई शै भाती नहीं

एक जा और लाख गम
घुट के रह जाए न दम
आओ तुम को देख लें
डूबती नज़रों से हम

तुम न जाने किस जहां में खो गए
हम भरी दुनिया में तनहा हो गए।

❐ ❐

जीवन के सफ़र में राही
मिलते हैं बिछुड़ जाने को
और दे जाते हैं यादें
तनहाई में तड़पाने को

रो–रो के इन्हीं राहों में खोना पड़ा इक अपने को
हंस–हंस के इन्हीं राहों में अपनाया था 'बेगाने' को

अब साथ न गुज़रेंगे हम, लेकिन ये फ़िज़ा वादी की
दोहराती रहेगी बरसों, भूले हुए अफ़साने को

तुम अपनी नई दुनिया में, खो जाओं पराये बनकर
जी पाए तो हम जी लेंगें, मरने की सज़ा पाने को

❐ ❐

ये बहारों का समां चांद तारों का समां
खो न जाए, आ भी जा

आस्मां से रंग बनकर बह रही है चांदनी
बेज़बानी की ज़बां से कह रही है चांदनी
जागती रुत नागहां
सो न जाए, आ भी जा

रात के हमराह ढलती जा रही है ज़िन्दगी
शम्मअ की सूरत पिघलती जा रही है ज़िन्दगी
रोशनी बुझकर धुआं
हो न जाए, आ भी जा

आ ज़रा हंसकर निगाहों में निगाहें डाल दे
देर की तरसी हुई बांहों में बाहें डाल दे
हसरतों का कारवां
खो न जाए, आ भी जा

२.

ये बहारों का समां चांद तारों का समां
खो न जाए, आ भी जा

ज़िन्दगानी दर्द बन जाए कहीं ऐसा न हो
सांस आहे–सर्द बन जाए कहीं ऐसा न हो
दिल तड़प कर नागहां
सो न जाए, आ भी जा

आ किसी की ज़िन्दगी से खेलना अच्छा नहीं
बेबसों की बेबसी से खेलना अच्छा नहीं
रूह जल जलकर धुआँ
हो न जाए, आ भी जा

क्या हुआ क्यों इस तरह तूने निगाहें फेर लीं
मेरी राहों की तरफ से अपनी राहें फेर लीं
ज़िन्दगी का कारवां
खो न जाए, आ भी जा

❐ ❐

उन्हें खोकर, दुखे दिल की दुआ से और क्या मांगू
मै हैरां हूं कि आज अपनी वफ़ा से और क्या मांगूँ

गिरेबां चाक है, आंखों में आंसू, लब पे आहें हैं
यही काफ़ी है, दुनिया की हवा से और क्या मांगूँ

मेरी बर्बादियों की दास्तां उन तक पहुँच जाए
सिवा इसके मोहब्बत के खुदा से और क्या मांगूँ

⁕

बोल न बोल ऐ जाने वाले! सुन तो ले दीवानों की
अब नहीं देखी जाती हमसे ये हालत अरमानों की

हुस्न के खिलते फूल हमेशा बेदर्दों के हाथ बिके
और चाहत के मतवालों को धूल मिली वीरानों को

दिल के नाजुक जज़्बों पर भी राज है सोने चांदी का
ये दुनिया क्या कीमत देगी सादा दिल इन्सानों की ?

❒ ❒

पिघला है सोना दूर गगन पर, फैल रहे हैं शाम के साय

खामोशी कुछ बोल रही है
भेद अनोखे खोल रही है

पंख पखेरू, सोच में गुम हैं।
पेड़ खड़े हैं सीस झुकाए

धुंधले धुंधले मस्त नज़ारे
उड़ते बादल, मुड़ते धारे

छुपके नज़र से जाने ये किसने
रंग रंगीले खेल रचाए

कोई भी उसका राज़ न जाने
एक हक़ीक़त लाख फ़साने

एक ही जलवा शाम सवेरे
भेस बदलकर सामने आए।

❐ ❐

उमर खैयाम-

ये मौसम, ये हवा, ये रुत सुहानी फिर न आएगी
अरे ओ जीने वाले! ज़िन्दगानी फिर न आएगी
कोई हसरत न रख दिल में, ये दुनिया चार दिन की है
जवानी मौजे–दरिया है, जवानी फिर न आएगी

नर्तकी-

निगाहें मिला, और इक जाम ले ले
जवानी के सर कोई इल्ज़ाम ले ले
गुनाहों के साये में पलती है जन्नत
हसीनों के हमराह चलती है जन्नत
हसीनों के पहलू में आराम ले ले
जवानी के सर कोई इल्ज़ाम ले ले

उमर खैयाम-

मुकद्दर का लिखा मिटता नहीं आंसू बहाने से
ये वो होनी है जो होकर रहेगी हर बहाने से
अगर जीने की ख्वाहिश है तो मस्तों की तरह जी ले
कि महफिल होश की सूनी पड़ी है इक ज़माने से

नर्तकी-

मचलती उमंगें कहीं सो न जाएं
ये सुबहें ये शामें, यूं ही खो न जाएं
कोई सुबह ले ले, कोई शाम ले ले
जवानी के सर कोई इल्ज़ाम ले ले

❐❐

जाएं तो जाएं कहां

समझेगा कौन यहां
दर्द भरे दिल की ज़बां
जाएं तो जाएं कहां

मायूसियों का मजमअ़ है जी में
क्या रह गया है इस ज़िन्दगी में

रूह में ग़म, दिल में धुआं
जाएं तो जाएं कहां?

उनका भी ग़म है अपना भी ग़म है
अब दिल के बचने की उम्मीद कम है

एक किश्ती, सौ तूफ़ां।
जाएं तो जाएं कहां?

❐ ❐

ग़म क्यों हो?
जीने वालों को जीते जी मरने का ग़म क्यों हो?
शोख लबों पर आहें क्यों हों, आंखों में नम क्यों हो?

आज अगर गुलशन में कली खिलती है तो कल मुरझाती है
फिर भी खुलकर हंसती है और हंस के चमन महकाती है
ग़म क्यों हो?

कल का दिन किसने देखा है, आज का दिन हम खोएं क्यों
जिन घड़ियों में हंस सकते हैं, उन घड़ियों में रोएं क्यों
ग़म क्यों हो?

गाए जा मस्ती के तराने, ठंडी आहें भरना क्या?
मौत आई तो मर भी लेंगे, मौत से पहले मरना क्या?
ग़म क्यों हो?

❐ ❐

सुरमई रात है, सितारे हैं
आज दोनों जहां हमारे हैं।
सुबह का इन्तजार कौन करे?

फिर ये रुत, ये समां मिले न मिले
आरजू का चमन खिले न खिले

वक्त का एतबार कौन करे
सुबह का इन्तज़ार कौन करे?

ले भी लो हम को अपनी बांहों में
रूह बेचैन है निगाहों में

इल्तिजा बार–बार कौन करे
सुबह का इन्तज़ार कौन करे?

मस्तियां दिल पे छाई जाती हैं
धड़कनें डगमगाई जाती हैं

अब हमें होशियार कौन करे
सुबह का इन्तज़ार कौन करे?

❐ ❐

नज़र से दिल में समाने वाले, मेरी मोहब्बत तेरे लिए है
वफ़ा की दुनिया में आने वाले, वफ़ा की दौलत तेरे लिए है

खड़ी हूँ मैं तेरे रास्ते में, जवां उमीदों के फूल लेकर
महकती जुल्फ़ों, बहकती नज़रों की, गर्म जन्नत तेरे लिए है

सिवा तेरी आरजू के इस दिल में कोई भी आरजू नहीं है,
हर एक जज़्बा, हर एक धड़कन, हर एक हसरत तेरे लिए है

मेरे ख़याल के गर्म पर्दों से, झांककर मुस्कराने वाले!
हज़ार ख़्वाबों से जो सजी है, वह इक हक़ीक़त तेरे लिए है।

❐ ❐

❃

मैंने चांद और सितारों की तमन्ना की थी
मुझको रातों की सियाही के सिवा कुछ न मिला

मैं वह नग़्मा हूं जिसे प्यार की महफ़िल न मिली
वह मुसाफ़िर हूँ जिसे कोई भी मंज़िल न मिली

ज़ख्म पाए हैं, बहारों की तमन्ना की थी
मैंने चांद और सितारों की तमन्ना की थी।

किसी गेसू, किसी आंचल का सहारा भी नहीं
रास्ते में कोई धुंधला-सा सितारा भी नहीं

मेरी नज़रों ने नज़ारों की तमन्ना की थी
मैंने चांद और सितारों की तमन्ना की थी।

दिल में नाकाम उमीदों के बसेरे पाए
रोशनी लेने को निकला तो अंधेरे पाए

रंग और नूर के धारों की तमन्ना की थी
मैंने चांद और सितारों की तमन्ना की थी।

मैंने चांद और सितारों की तमन्ना की थी
मुझको रातों की सियाही के सिवा कुछ न मिला

मेरी राहों से जुदा हो गईं राहें उनकी
आज बदली नज़र आती हैं निगाहें उनकी

जिनसे इस दिल ने सहारों की तमन्ना की थी
मैंने चांद और सितारों की तमन्ना की थी।

प्यार मांगा तो सिसकते हुए अरमान मिले
चैन चाहा तो उमड़ते हुए तूफ़ान मिले

डूबते दिल ने किनारों की तमन्ना की थी
मैंने चांद और सितारों की तमन्ना की थी।

❐ ❐

❋

ज़ोर लगा के–हैय्या
पैर जमा के–हैय्या
जान लड़ा के–हैय्या

आंगन में बैठी है मछेरन तेरी आस लगाए
अरमानों और आशाओं के लाखों दीप जलाए
भोला बचपन रस्ता देखे ममता ख़ैर मनाए
ज़ोर लगाकर खैच मछेरे, ढील न आने पाए;

ज़ोर लगा के–हैय्या
पैर जमा के–हैय्या
जान लड़ा के–हैय्या

जनम–जनम से अपने सर पर तूफानों के साये
लहरें अपनी हमजोली हैं और बादल हमसाये
जल और जाल है जीवन अपना, क्या सर्दी क्या गर्मी
अपनी हिम्मत कभी न टूटे रुत आए रूत जाए।

ज़ोर लगा के–हैय्या
पैर जमा के–हैय्या
जान लड़ा के–हैय्या

क्या जाने कब सागर उमड़े, कब बरखा आ जाए
भूख सरों पर मंडराए, मुंह खोले पर फैलाए
आज मिला, सो अपनी पूंजी कल की हाथ पराये
तनी हुई बांहों से कह दो लोच न आने पाए;

ज़ोर लगा के–हैय्या
पैर जमा के–हैय्या
जान लड़ा के–हैय्या

❐ ❐

पोंछ कर अश्क अपनी आंखों से, मुस्कराओ तो कोई बात बने
सर झुकाने से कुछ नहीं होगा, सर उठाओ तो कोई बात बने।

ज़िन्दगी भीख में नहीं मिलती, ज़िन्दगी बढ़ के छीनी जाती है
अपना हक़ संगदिल ज़माने से, छीन पाओ तो कोई बात बने।

रंग और नस्ल, जात और मज़हब, जो भी हों आदमी से कमतर हैं
इस हक़ीक़त को तुम भी मेरी तरह, मान जाओ तो कोई बात बने।

नफ़रतों के जहान में हमको, प्यार की बस्तियां बसानी हैं
दूर रहना कोई कमाल नहीं, पास आओ तो कोई बात बने।

❐ ❐

✻

ऐ दिल ज़बां न खोल, सिर्फ़ देख ले
किसी से कुछ न बोल, सिर्फ़ देख ले

ये हसीन जगमगाहटें
आंचलों की सरसराहटें

ये नशे में झूमती ज़मीं।
सब के पांव चूमती ज़मीं

किस क़दर है गोल, सिर्फ़ देख ले
ऐ दिल ज़बां न खोल, सिर्फ़ देख ले

कितना सच है कितना झूट है
कितना हक़ है कितनी लूट है
रख सभी की लाज, कुछ न कह
क्या है ये समाज, कुछ न कह

ढोल का ये पोल, सिर्फ़ देख ले
ऐ दिल ज़बां न खोल, सिर्फ़ देख ले

मान ले जहां की बात को
दिन समझ ले काली रात को
चलने दे यूं ही ये सिलसिला
ये न बोल, किसको क्या मिला

तराजुओं का झोल, सिर्फ़ देख ले
ऐ दिल ज़बां न खोल सिर्फ़ देख ले।

❐ ❐

गंगा तेरा पानी अमृत, झर झर बहता जाये
युग युग से इस देश की धरती तुझ से जीवन पाये

दूर हिमालय से तू आई गीत सुहाने गाती
परवत परवत, जंगल जंगल सुख सन्देश सुनाती
तेरी चांदी जैसी धारा मीलों तक लहराये

कितने सूरज उभरे डूबे, गंगा तेरे द्वारे
युगों युगों की कथा सुनाएं तेरे बहते धारे
तुझको छोड़ के भारत का इतिहास लिखा न जाय

इस धरती का दुख सुख तूने अपने बीच समोया
जब जब देश ग़ुलाम हुआ है तेरा पानी रोया

जब जब हम आज़ाद हुए हैं तेरे तट मुस्काये
गंगा तेरा पानी अमृत, झर झर बहता जाये

❐ ❐

❋

अब वो करम करें कि सितम, मैं नशे में हूँ
मुझको न कोई होश न ग़म, मैं नशे में हूँ

सीने से बोझ उनके ग़मों का उतार के
आया हूँ आज अपनी जवानी को हार के
कहते हैं डगमगाते क़दम, मैं नशे में हूँ।

वो बेवफ़ा हैं, अब भी यह दिल मानता नहीं
कमबख़्त नासमझ है उन्हें जानता नहीं
मैं आज तोड़ दूंगा भरम, मैं नशे में हूँ।

फ़ुर्सत नहीं है रोने रुलाने के वास्ते
आए न उनकी याद सताने के वास्ते
इस वक़्त दिल का दर्द है कम, मैं नशे में हूँ।

❐ ❐

हर चीज़ ज़माने की जहां पर थी, वहीं है
इक तू ही नहीं है!

नज़रें भी वही और नज़ारे भी वही हैं
खामोश फ़िज़ाओं के इशारे भी वही हैं
कहने को तो सब कुछ है, मगर कुछ भी नहीं है

हर अश्क में खोई हुई खुशियों की झलक है
हर सांस में बीती हुई घड़ियों की कसक है
तू चाहे कहीं भी हो, तेरा दर्द यहीं है

हसरत नहीं, अरमान नहीं, आस नहीं है
यादों के सिवा कुछ भी मेरे पास नहीं है
यादें भी रहें या न रहें, किसको यक़ीं है?

❒ ❒

जिसे तू क़बूल कर ले, वह अदा कहां से लाऊं?
तेरे दिल को जो लुभा ले वह सदा कहां से लाऊं?

मैं वह फूल हूँ कि जिसको गया हर कोई मसल के
मेरी उम्र बह गई है मेरे आंसुओं में ढल के
जो बहार बन के बरसे, वह घटा कहां से लाऊं?

तुझे और की तमन्ना, मुझे तेरी आरज़ू है
तेरे दिल में ग़म ही ग़म है मेरे दिल में तू ही तू है
जो दिलों को चैन दे दे, वह दवा कहां से लाऊं?

मेरी बेबसी है ज़ाहिर, मेरी आहे–बेअसर से
कभी मौत भी जो मांगी तो न पाई उसके दर से
जो मुराद ले के आए वह दुआ कहां से लाऊं?

❐ ❐

आंख खुलते ही तुम छुप गए हो कहां
—तुम अभी थे यहां

मेरे पहलू में तारों ने देखा तुम्हें
भीगे भीगे नज़ारों ने देखा तुम्हें
तुमको देखा किए यह ज़मीं, आस्मां
—तुम अभी थे यहाँ

अभी सांसों की खुश्बू हवाओं में है
अभी क़दमों की आहट फ़िज़ाओं में है
अभी शाखों पे हैं उंगलियों के निशा
—तुम अभी थे यहां

तुम जुदा हो के भी मेरी राहों में हो
गर्म अश्कों में हो, सर्द आहों में हो
चांदनी में झलकती हैं परछाइयां
—तुम अभी थे यहां

❐ ❐

तुमने कितने सपने देखे, मैंने कितने गीत बुने
इस दुनिया के शोर में लेकिन दिल की धड़कन कौन सुने?

सरगम की आवाज़ पे सर को धुनने वाले लाखों पाए
नग़मों की खिलती कलियों को चुनने व़ाले लाखों पाए

राख हुआ दिल जिनमें जलकर वो अंगारे कौन चुने
तुमने कितने सपने देखे, मैंने कितने गीत बुने?

अरमानों के सूने घर में हर आहट बेगानी निकली
दिल ने जब नज़दीक से देखा, हर सूरत अनजानी निकली

बोझल घड़ियां गिनते–गिनते, सदमे हो गए लाख गुने
तुमने कितने सपने देखे, मैंने कितने गीत बुने?

आज सजन मोहे अंग लगा लो, जन्म सफल हो 'जाए
हृदय की पीड़ा, देह की अगनी, सब शीतल हो जाए

किए लाख जतन
मेरे मन की तपन, मोरे तन की जलन नहीं जाए
कैसी लागी यह लगन
कैसी जागी यह अगन, जिया धीर धरन नहीं पाए
प्रेम सुधा इतनी बरसा दो, जग जल–थल हो जाए

आज सजन मोहे अंग लगा लो जनम सफल हो जाए

कई जुगों से हैं जागे
मोरे नैन अभागे, कहीं जिया नहीं लागे बिन तोरे
सुख दीखे नहीं आगे
दुख पीछे पीछे भागे, जग सूना सूना लागे बिन तोरे
प्रेम सुधा इतनी बरसा दो, जग जल–थल हो जाए

आज सजन मोहे अंग लगा लो, जन्म सफल हो जाए

मोहे अपना बना लो, मोरी बांह पकड़
मै हू जन्म जन्म की दासी।
मोरी प्यास बुझा दो, मनहर, गिरधर
मैं हूँ अंतरघट तक प्यासी
प्रेम सुधा इतनी बरसा दो, जग जल–थल हो जाए
आज सजन मोहे अंग लगा लो, जन्म सफल हो जाए

❐ ❐

धरती मां का मान, हमारा प्यारा लाल निशान!
नवयुग की मुस्कान, हमारा प्यारा लाल निशान

पूंजीवाद से दब न सकेगा, ये मज़दूर किसान का झंडा
मेहनत का हक़ लेके रहेगा, मेहनतकश इंसान का झंडा

इस झंडे से सांस उखड़ती चोर मुनाफ़ा खोरों की
जिन्होंने इन्सानों की हालत कर दी डंगर ढोरों की

फैक्टरियों के धूल-धुएं में हमने खुद को पाला
खून पिलाकर लोहे को इस देश का भार संभाला
मेहनत के इस 'पूजाघर' पर पड़ न सकेगा ताला
देश के साधन देश का धन हैं, जान ले पूँजी वाला

जीतेगा मैदान, हमारा प्यारा लाल निशान!
धरती मां का मान, हमारा प्यारा लाल निशान!

❐ ❐

जाने वो कैसे लोग थे जिनके प्यार को प्यार मिला
हमने तो जब कलियां मांगीं कांटों का हार मिला

खुशियों की मंज़िल ढूँढ़ी तो ग़म की गर्द मिली
चाहत के नग़मे चाहे तो आहे–सर्द मिली
दिल के बोझ को दूना कर गया, जो ग़मख़्वार मिला

बिछुड़ गया हर साथी देकर पल दो पल का साथ
किसको फ़ुर्सत है जो थामे दीवानों का हाथ
हमको अपना साया तक अक्सर बेज़ार मिला

इसको ही जीना कहते हैं तो यों ही जी लेंगे
उफ़ न करेंगे लब सी लेंगे, आंसू पी लेंगे
ग़म से अब घबड़ाना कैसा? ग़म सौ बार मिला

रात के राही थक मत जाना, सुबह की मंज़िल दूर नहीं

धरती के फैले आंगन में पल दो पल है रात का डेरा
ज़ुल्म का सीना चीर के देखो झांक रहा है नया सवेरा
ढलता दिन मजबूर सही, चढ़ता सूरज मजबूर नहीं

सदियों तक चुप रहने वाले, अब अपना हक़ लेके रहेंगे
जो करना है खुल के करेंगे, जो कहना है साफ़ कहेंगे
जीते–जी घुट–घुटकर मरना, इस युग का दस्तूर नहीं

टूटेंगी बोझिल ज़ंजीरें, जागेंगी सोई तक़दीरें
लूट पे कब तक पहरा देंगी, ज़ंग लगी ख़ूनी शमशीरें?
रह नहीं सकता इस दुनिया में, जो सबको मंजूर नहीं

साथी हाथ बढ़ाना–
एक अकेला थक जाएगा, मिलकर बोझ उठाना
–साथी हाथ बढ़ाना

हम मेहनत वालों ने जब भी मिलकर क़दम बढ़ाया
सागर ने रस्ता छोड़ा, परबत ने सीस झुकाया
फ़ौलादी हैं सीने अपने, फ़ौलादी हैं बांहें
हम चाहें तो पैदा कर दें चट्टनों में राहें
–साथी हाथ बढ़ाना

मेहनत अपने लेख की रेखा, मेहनत से क्या डरना
कल ग़ैरों की ख़ातिर की, आज अपनी ख़ातिर करना
अपना दुःख भी एक है साथी, अपना सुख भी एक
अपनी मंज़िल सच की मंज़िल, अपना रस्ता नेक
–साथी हाथ बढ़ाना

एक से एक मिले तो क़तरा बन जाता है दरिया
एक से एक मिल तो ज़र्रा बन जाता है सहरा
एक से एक मिले तो राई बन सकती है परबत
एक से एक मिले तो इन्सां बस में कर ले क़िस्मत
–साथी हाथ बढ़ाना

माटी से हम लाल निकालें, मोती लाएं जल से
जो कुछ इस दुनिया में बना है, बना हमारे बल से
कब तक मेहनत के पैरों में दौलत की ज़जीरें?
हाथ बढ़ाकर छीन लो अपने ख़्वाबों की ताबीरें
–साथी हाथ बढ़ाना

❐ ❐

ईश्वर अल्लाह तेरे नाम
सब को सन्मति दे भगवान!

इस धरती पर बसने वाले
सब हैं तेरी गोद के पाले
कोई नीच न कोई महान
सब को सन्मति दे भगवान!

जातों, नस्लों के बंटवारे
झूठ कहाएं तेरे द्वारे
तेरे लिए सब एक समान
सब को सन्मति दे भगवान!

जन्म का कोई मोल नहीं है
जन्म मनुष का तौल नहीं है
कर्म से है सब की पहचान
सब को सन्मति दे भगवान!

❐ ❐

प्रेमी–हम आपकी आंखों में इस दिल को बसा दें तो?
प्रेमिका–हम मूँद के पलकों को इस दिल को सज़ा दें तो?

प्रेमी–इन ज़ुल्फ़ों में गूँधेंगे हम फूल मोहब्बत के
प्रेमिका–ज़ुल्फ़ों को झटकर हम, ये फूल गिरा दें तो?

प्रेमी–हम आपको ख़्वाबों में ला ला के सताएंगे
प्रेमिका–हम आपकी आँखों से नींदें ही उड़ा दें तो?

प्रेमी–हम आपके क़दमों पर गिर जाएंगे ग़श खाकर
प्रेमिका–इस पर भी न हम अपने आंचल की हवा दें तो?

❒ ❒

मौत कभी भी मिल सकती है, लेकिन जीवन कल न मिलेगा
मरने वाले! सोच–समझ ले, फिर तुझको यह पल न मिलेगा

कौन–सा ऐसा दिल है जहां में जिसको ग़म का रोग नहीं
कौन–सा ऐसा घर है कि जिसमें सुख ही सुख़ है सोग नहीं

जो हल दुनिया भर को मिला है क्यों तुझको वह हल न मिलेगा
मरने वाले! सोच–समझ ले, फिर तुझको यह पल न मिलेगा

इस जीवन में कितने ही दुख हों लेकिन सुख की आस तो है
दिल में कोई अरमां तो बसा है, आंख में कोई प्यास तो है

जीवन ने यह फल तो दिया है मौत से यह भी फल न मिलेगा
मरने वाले! सोच समझ ले, फिर तुझको यह पल न मिलेगा

❐ ❐

जाने क्या तूने कही
जाने क्या मैंने सुनी
बात कुछ बन ही गई

सनसनाहट ही हुई
थरथराहट सी हुई
जाग उठे ख़्वाब कई
बात कुछ बन ही गई

नैन झुक झुक के उठे
पांव रुक रुक के उठे
आ गई चाल नई
बात कुछ बन ही गई

ज़ुल्फ़ शाने पे मुड़ी
एक खुशबू सी उड़ी
खुल गए राज़ कई
बात कुछ बन ही गई।

❐ ❐

इन उजले महलों के तले
हम गंदी गलियों में पले

सौ सौ बोझे मन पे लिए
मैल और माटी तन पे लिये

सुख सहते ग़म खाते रहे
फिर भी हंसते गाते रहे

हम दीपक तूफ़ां में जले
हम गन्दी गलियों में पले

दुनिया ने ठुकराया हमें
रस्तों ने अपनाया हमें
सड़कें मां, सड़कें ही पिता
सड़कें घर, सड़कें ही चिता

क्यों आए क्या करके चले
हम गंदी गलियों में पले

दिल में खटका कुछ भी नहीं
हमको परवा कुछ भी नहीं
चाहो तो नाकारा कहो
चाहो तो आवारा कहो

हम ही बुरे तुम सब हो भले
हम गन्दी गलियों में पले

❐ ❐

बच्चे मन के सच्चे, सारे जग की आंख के तारे
ये वो नन्हे फूल हैं जो भगवान को लगते प्यारे

खुद रोयें खुद मन जायें, फिर हमजोली बन जाएं
झगड़ा जिसके साथ करें, अगले ही पल फिर बात करें
इनको किसी से बैर नहीं, इनके लिए कोई ग़ैर नहीं
इनका भोलापन मिलता है सब को बांह पसारे।

इंसां जब तक बच्चा है, तब तक समझो सच्चा है
ज्यों ज्यों उसकी उम्र बढ़े मन पर झूठ का मैल चढ़े
क्रोध बढ़े नफ़रत घेरे, लालच की आदत घेरे
बचपन इन पापों से हटकर अपनी उम्र गुज़ारे।

तन कोमल मन सुन्दर हैं, बच्चे बड़ों से बेहतर हैं
इनमें छूत और छात नहीं, झूठी ज़ात और पात नहीं
भाषा की तकरार नहीं मज़हब की दीवार नहीं
इन की नजरों में इक हैं, मन्दिर–मस्जिद गुरुद्वारे।

❐ ❐

यह महलों, यह तख़्तों, यह ताजों की दुनिया
यह इन्सां के दुश्मन समाजों की दुनिया
यह दौलत के भूखे रिवाजों की दुनिया
यह दुनिया अगर मिल भी जाए तो क्या है!

हर एक जिस्म घायल, हर इक रूह प्यासी
निगाहों में उलझन, दिलों में उदासी
यह दुनिया है या आलमे–बदहवासी
यह दुनिया अगर मिल भी जाए तो क्या है!

यहां इक खिलौना है इन्सां की हस्ती
यह बस्ती है मुर्दा–परस्तों की बस्ती
यहाँ पर तो जीवन से है मौत सस्ती
यह दुनिया अगर मिल भी जाए तो क्या है!

जवानी भटकती है बदकार बनकर
जवां जिस्म सजते हैं बाज़ार बनकर
यहां प्यार होता है व्योपार बनकर
यह दुनिया अगर मिल भी जाए तो क्या है!

यह दुनिया, जहां आदमी कुछ नहीं है
वफ़ा कुछ नहीं, दोस्ती कुछ नहीं है
जहां प्यार की कद्र ही कुछ नहीं है
यह दुनिया अगर मिल भी जाए तो क्या है!

जला दो इसे फूँक डालो यह दुनिया
मेरे सामने से हटा लो यह दुनिया
तुम्हारी है तुम ही सम्हालो यह दुनिया
यह दुनिया अगर मिल भी जाए तो क्या है!

❐ ❐

दो बूँदें सावन की—

इस सागर की सीप में टपके और मोती बन जाए
दूजी गंदे जल में गिरकर अपना आप गंवाए
किसको मुजरिम समझे कोई, किसको दोष लगाए?
—दो बूँदें सावन की

दो कलियां गुलशन की—

इस सेहरे के बीच गुंधे और मन-ही-मन इतराए
इक अर्थी की भेंट चढ़े और धूली में मिल जाए
किसको मुजरिम समझे कोई, किसको दोष लगाए?
—दो कलियां गुलशन की

दो सखियां बचपन की—

इस सिंहासन पर बैठे और रूपमती कहलाए
दूजी अपने रूप के कारण गलियों में बिक जाए
किसको मुजरिम समझे कोई, किसको दोष लागए?
—दो सखियां बचपन की

❒ ❒

रात भर का मेहमां अंधेरा
किसके रोके रुका है सवेरा

रात जितनी भी संगीन होगी
सुबह उतनी ही रंगीन होगी

ग़म न कर, गर हैं बादल घनेरा
किस के रोके रुका है सवेरा

लब पे शिकवा न ला अश्क पी ले
जिस तरह भी हो कुछ देर जी ले

अब उखड़ने को है ग़म का डेरा
किस के रोक़े रुका है सवेरा

यूँ ही दुनिया में आकर न जाना
सिर्फ़ आँसू बहाकर न जाना

मुस्कराहट पे भी हक़्क़ है तेरा
किस के रोके रुका है सवेरा

❒ ❒

औरत ने जनम दिया मर्दों को, मर्दों ने उसे बाज़ार दिया
जब भी चाहा मसला कुचला, जब जी चाहा दुतकार दिया

तुलती है कहीं दीनारों में, बिकती है कहीं बाज़ारों में
नंगी नचवाई जाती है, अय्याशों के दरबारों में
यह वह बेइज़्ज़त चीज़ है जो बंट जाती है इज़्ज़तदारों में

मर्दों के लिए हर ज़ुल्म रवा, औरत के लिए रोना भी खत
मर्दों के लिए लाखों सेजें, औरत के लिए बस एक चिता
मर्दों के लिए हर ऐश का हक़, औरत के लिए जीना भी सज़ा

जिन सीनों ने इनको दूध दिया, उन सीनों का व्योपार किया
जिस कोख में इनका जिस्म ढला, उस कोख का कारोबार किया
जिस तन में उगे कोंपल बनकर, उस तन को ज़लीलो–ख़्वार किया

मर्दों ने बनाईं जो रस्में, उनको हक़ का फ़र्मान कहा
औरत के ज़िन्दा जलने को क़ुर्बानी और बलिदान कहा
इस्मत के बदले रोटी दी और उसको भी एहसान कहा

संसार की हर इक बेशर्मी, ग़ुरबत की गोद में पलती है
चकलों ही में आकर रूकती है, फ़ाक़ों से जो राह निकलती है
मर्दों की हवस है जो अकसर औरत के पाप में ढलती है।

औरत संसार की क़िस्मत है फिर भी तक़दरी की हेटी है
अवतार पय्यम्बर जनती है फिर भी शैतान की बेटी है
यह वह बदक़िस्मत मां है, जो बेटों की सेज पे लेटी है

औरत ने जनम दिया मर्दों को, मर्दों ने उसे बाज़ार दिया
जब जी चाहा मसला कुचला, जब जी चाहा दुतकार दिया

❐ ❐

वह सुबह कभी तो आएगी
इन काली सदियों के सर से जब रात का आंचल ढलकेगा
जब दुःख के बादल पिघलेंगे जब सुख का सागर छलकेगा
जब अम्बर झूम के नाचेगा, जब धरती नग़मे गाएगी

वह सुबह कभी तो आएगी
जिस सुबह की ख़ातिर जुग–जुग से हम सब मर–मर कर जीते हैं
जिस सुबह के अमृत की धुन में हम ज़हर के प्याले पीते हैं
इन भूखी प्यासी रूहों पर इक दिन तो करम फ़र्माएगी

वह सुबह कभी तो आएगी
माना कि अभी तेरे मेरे अरमानों की क़ीमत कुछ भी नहीं
मिट्टी का भी है कुछ मोल मगर इन्सानों की क़ीमत कुछ भी नहीं
इन्सानों की इज़्ज़त जब झूठे सिक्कों में न तोली जाएगी

वह सुबह कभी तो आएगी
दौलत के लिए जब औरत की इस्मत को न बेचा जाएगा
चाहत को न कुचला जाएगा, ग़ैरत को न बेचा जाएगा
अपनी काली करतूतों पर जब यह दुनिया शर्माएगी

वह सुबह कभी तो आएगी
बीतेंगे कभी तो दिन आखिर, यह भूख के और बेकारी के
टूटेंगें कभी तो बुत आखिर, दौलत की इजारादारी के
जब एक अनोखी दुनिया की बुनियाद उठाई जाएगी

वह सुबह कभी तो आएगी
मजबूर बुढ़ापा जब सूनी राहों की धूल न फांकेगा
मासूम लड़कपन जब गंदी गलियों में भीख न मांगेगा
हक़ मांगने वालों को जिस दिन सूली न दिखाई जाएगी

वह सुबह कभी तो आएगी
फ़ाक़ों की चिताओं पर जिस दिन इन्सां न जलाए जाएंगे
सीनों के दहकते दोज़ख़ में अरमां न जलाए जाएंगे
यह नरक से भी गन्दी दुनिया, जब स्वर्ग बनाई जाएगी

वह सुबह कभी तो आएगी

२

वह सुबह हमीं से आएगी
जब धरती करवट बदलेगी, जब क़ैद से क़ैदी छूटेंगे
जब पाप–घरौंदे फूटेंगे, जब ज़ुल्म के बन्धन टूटेंगे
उस सुबह को हम ही लाएंगे, वह सुबह हमीं से आएगी

वह सुबह हमीं से आएगी
मनहूस समाजी ढांचों में जब जुर्म न पाले जाएंगे
जब हाथ न काटे जाएंगे जब सर न उछाले जाएंगे
जेलों के बिना जब दुनिया की सरकार चलाई जाएगी

वह सुबह हमीं से आएगी
संसार के सारे मेहनतकश, खेतों से मिलों से निकलेंगे
बेघर, बेदर, बेवस इन्सां, तारीक बिलों से निकलेंगे
दुनिया अम्न और खुशहाली के फूलों से सजाई जाएगी

वह सुबह हमीं से आएगी !

❐ ❐

काबे में रहो या काशी में, निस्बत तो उसी की ज़ात से है
तुम राम कहो कि रहीम कहो, मतलब तो उसी की बात से है।

ये मस्जिद है वह बुतख़ाना, चाहे ये मानो चाहे वह मानो
मक़सद तो है दिल को समझाना, चाहे ये मानो चाहे वह मानो।

ये शेख-ओ-बरहमन के झगड़े, सब नासमझी की बातें हैं
हमने तो है बस इतना जाना, चाहे ये मानो चाहे वह मानो

ग़र ज़ज्बे मुहब्बत सादिक़ हो, हर दर से मुरादें मिलती हैं
हर घर है उसी का काशाना, चाहे ये मानो चाहे वह मानो

❐ ❐

आस्मां पे है खुदा और ज़मीं पे हम
आजकल वह इस तरफ़ देखता है कम

आजकल किसी को वह टोकता नहीं
चाहे कुछ भी कीजिए रोकता नहीं
हो रही है लूट मार फट रहे हैं बम
आस्मां पे है खुदा और ज़मीं पे हम

किसको भेजे वह यहां खाक छानने
इस तमाम भीड़ का हाल जानने
आदमी हैं अनगिनत देवता हैं कम
आस्मां पे है खुदा और ज़मीं पे हम

इतनी दूर से अगर देखता भी हो
तेरे मेरे वास्ते क्या करेगा वो
ज़िन्दगी है अपने–अपने बाज़ुओं का दम
आस्मां पे है खुदा और ज़मीं पे हम

❒ ❒

सांझ की लाली सुलग–सुलग कर बन गई काली धूल
आए न बालम बेदर्दी मैं चुनती रह गई फूल

रैन भई बोझल अंखियन में चुभने लागे तारे
देस में मैं परदेसन को गई जब से पिया सिधारे

पिछले पहर जब ओस पड़ी और ठंडी पवन चली
हर करवट अगारे बिछ गए सूनी सेज जली

दीप बुझे सन्नाटा टूटा बजा भोर का संख
बैरन पवन उड़ाकर ले गई परवानों के पंख

❒ ❒

❋

दो-गाना

प्रेमी– कश्ती का ख़ामोश सफ़र है, शाम भी है तनहाई भी
दूर किनारे पर बजती है, लहरों की शहनाई भी
आज मुझे कुछ कहना है!

लेकिन ये शर्मीली निगाहें मुझको इजाज़त दें तो कहूं
खुद मेरी बेताब उमंगें थोड़ी फुर्सत दें तो कहूँ
आज मुझे कुछ कहना है!

प्रेमिका– जो कुछ तुमको कहना है, वो मेरे ही दिल की बात न हो
जो है मेरे ख़्वाबों की मंज़िल, उस मंज़िल की बात न हो
कह भी दो जो कहना है!

प्रेमी– कहते हुए डर-सा लगता है, कहकर बात न खो बैठूं
यह जो ज़रा–सा साथ मिला है, यह भी साथ न खो बैठूं
आज मुझे कुछ कहना है!

प्रेमिका– कब से तुम्हारे रस्ते में मैं फूल बिछाए बैठी हूँ
कह भी जो चुको कहना है, मैं आस लगाए बैठी हूँ
कह भी दो जो कहना है!
प्रेमी– दिल ने दिल की बात समझ ली, अब मुंह से क्या कहना है
आज नहीं तो कल कह लेंगे, अब तो साथ ही रहना है

प्रेमिका–कह भी दो जो कहना है!
प्रेमी– छोड़ो अबं क्या कहना है!

❐❐

मेरे दिल में आज क्या है, तू कहे तो मैं बता दूँ
तेरी ज़ुल्फ़ फिर संवारूं, तेरी मांग फिर सजा दूँ।

मुझे देवता बना कर तेरी चाहतों ने लूटा
मेरा प्यार कह रहा है मैं तुझे खुदा बना दूँ।

कोई ढूँढ़ने भी आए तो हमें न ढूँढ़ पाए
मुझे तू कहीं छिपा दे, मैं तुझे कहीं छिपा दूँ।

मेरे बाज़ुओं में आकर तेरा दर्द चैन पाए
तेरे गेसुओं में छुप कर मैं जहां के ग़म भुला दूँ।

❐ ❐

तू मेरे प्यार का फूल है कि मेरी भूल है, कुछ कह नहीं सकती
पर किसी का किया तू भरे, यह सह नहीं सकती

मेरी बदनामी तेरे साथ पलेगी
सुन सुन ताने मेरी कोख जलेगी

कांटों भरे हैं सब रास्ते, तेरे वास्ते जीवन की डगर में
कौन बनेगा तेरा आसरा, बेदर्द नगर में

पूछेगा कोई तो किसे बाप कहेगा
जग तुझे फेंका हुआ पाप कहेगा

बन के रहेगी शर्मिन्दगी, तेरी ज़िन्दगी, जब तक तू जिएगा
आज पिलाऊं तुझे दूध मैं, कल ज़हर पिएगा।

❐ ❐

एक रूपकः

(पर्दा उठने से पूर्व एक बहुत बड़े साइज़ का पैसा स्टेज की पिछली दीवार पर दिखाई देता है)

एनाउंसर–

कहते हैं इसे पैसा बच्चों यह चीज़ बड़ी मामूली है
लेकिन इस पैसे के पीछे सब दुनिया रस्ता भूली है
इन्सां की बनाई चीज़ है यह, लेकिन इन्सान पे भारी है
हल्की–सी झलक इस पैसे की, धर्म और ईमान पे भारी है
यह झूठ को सच कर देता है और सच को झूठ बनाता है
भगवान नहीं पर हर घर में भगवान की पदवी पाता है

इस पैसे के बदले दुनिया में इन्सानों की मेहनत बिकती है
जिस्मों की हरारत बिकती है रूहों की शराफ़त बिकती है
सरदार ख़रीदे जाते हैं दिलदार ख़रीदे जाते हैं
मिट्टी के सही पर इससे ही अवतार ख़रीदे जाते हैं

इस पैसे की खा़तिर दुनिया में आबाद वतन बंट जाते हैं
धरती टुकड़े हो जाती है लाशों के कफ़न बंट जाते हैं
इज़्ज़त भी इससे मिलती है, ताअ़ज़ीम भी इससे मिलती है
तहजी़ब भी इससे आती है, ताअ़लीम भी इससे मिलती है
कहते हैं इसे पैसा बच्चो!

हम आज तुम्हें इस पैसे का सारा इतिहास बताते हैं
जितने युग अब तक गुज़रे हैं, उन सबकी झलक दिखाते हैं।
इक ऐसा वक़्त भी था जग में जब इस पैसे का नाम न था
चीज़ें चीज़ों से तुलती थीं, चीज़ों का कुछ भी दाम न था
इन्सान फ़कत इन्सान था तब, इन्सान का मज़हब कुछ भी न था
दौलत, ग़ुरबत, इज़्ज़त, ज़िल्लत इन लफ़्ज़ों का मतलब कुछ भी न था

(कुछ लोग जंगली लिबास में स्टेज पर आते हैं। किसी के कंधे पर मरा हुआ हिरन है तो किसी के हाथों में कोई दूसरा जानवर। स्टेज पर वे मिलकर नाचते-गाते हैं और एक-दूसरे से अपनी चीजों का तबादला करते हैं।)

चीज़ों से चीज़ बदलने का यह ढंग बहुत बेकार-सा था
लाना भी कठिन था चीज़ों का ले जाना भी दुश्वार-सा था

इन्सानों ने तब मिलकर सोचा क्यों वक़्त इतना बर्बाद करें
हर चीज़ क़ी जो क़ीमत ठहरे वह चीज़ न क्यों ईजाद करें
इस तरह हमारी दुनिया में पहला पैसा तैयार हुआ
और इस पैसे की हसरत में इन्सान ज़लीलो–ख़्वार हुआ

(जागीरदारी का ज़माना–एक राजा बड़ा जागीरदार अपने दरबारियों व मंत्रियों के बीच बैठा है)

पैसे वाले इस दुनिया में जागीरों में मालिक बन बैठे
मज़दूरों और किसानों की तक़दीरों के मालिक बन बैठे
जागीरों पे क़ब्ज़ा रखने को कानून बने हथियार बने
हथियारों के बल पर धन वाले इस धरती के सरदार बने
जंगों में लड़ाया भूखों को और अपने सिर पर ताज़ रखा
निर्धन को दिया परलोक का सुख अपने लिए जग का राज़ रखा
पंडित और मुल्ला इनके लिए मज़हब के सहीफ़े लाते रहे
शायर तारीफ़ें लिखते रहे गायक दरबारी गाते रहे

(राग दरबारी का आलाप। कुछ औरतें और मर्द कंधों पर हल और कुदाल रखे दाखिल होते हैं।)

कोरस–वैसा ही करेंगे हम जैसा तुम्हें चाहिए
पैसा हमें चाहिए

एक आवाज–	हल	तेरे	जोतेंगे
	खेत	तेरे	बोएंगे
	ढोर	तेरे	हांकेंगे
	बोझ	तेरा	ढोएंगे
			पैसा हमें चाहिए

किसान बच्चे– पैसा हमें दे दे राजा
गुण तेरे गाएंगे
तेरे बच्चे–बच्चियों की
खैर मनाएंगे
पैसा हमें चाहिए

(कुछ बच्चों को भीख मिल जाती है, बाक़ियों को निराश लौटना पड़ता है।)

(मशीनी युग– शहर, मिलें, कारखाने, पूंजीपति)

लोगों की अनथक मेहनत ने चमकाया रूप ज़मीनों का
भाप और बिजली हमराह लिये आ पहुंचा दौर मशीनों का
इल्म और विज्ञान की ताक़त ने मुंह मोड़ दिया दरियाओं का
इन्सान जो ख़ाक का पुतला था वह हाकिम बना हवाओं का
जनता की मेहनत के आगे क़ुदरत ने ख़जाने खोल दिए
राज़ों की तरह रखा था जिन्हें, वो सारे ज़माने खोल दिए
लेकिन इन सब ईजादों पर पैसे का इजारा होता रहा
दौलत का नसीबा चमक उठा, मेहनत का मुक़द्दर सोता रहा

*(कुछ औरत और मर्द मशीनी युग के औज़ार, लेकर
पूंजीपतियों के सामने आते हैं।)*

कोरस– वैसा ही करेंगे हम जैसा तुम्हें चाहिए
पैसा हमें चाहिए

एक आवाज– रेलें भी बिछाएंगें
मिलें भी चलाएंगे
जंगों में भी जाएंगे
जानें भी गंवाएंगे

मज़दूर बच्चे- पैसा हमें दे दे बाबू
गुण तेरे गाएंगे
तेरे बच्चे–बच्चियों की
खैर मनाएंगे
पैसा हमें चाहिए

(कुछ बच्चों को भीख मिल जाती है। बाकियों को निराश लौटना पड़ता है।)

एनाउंसर–

जुग–जुग से यों ही इस दुनिया में हम दान के टुकड़े मांगते हैं
हल जोत के फ़सलें काट के भी पकवान के टुकड़े मांगते हैं
लेकिन इन भीख के टुकड़ों से कब भूख का संकट दूर हुआ
इन्सान सदा दुःख झेलेगा गर ख़त्म न यह दस्तूर हुआ
ज़ंजीर बनी है क़दमों की, वह चीज़ें जो पहले गहना थीं
भारत के सपूतो! आज तुम्हें बस इतनी बात ही कहना थी
जिस वक़्त बड़े हो जाओ तुम, पैसे का राज मिटा देना
अपना और अपने जैसों का जुग–जुग का क़र्ज चुका देना

❐ ❐

यह देश है वीर ज़वानों का
अलबेलों का मस्तानों का
इस देश का यारो क्या कहना, यह देश है दुनिया का गहना।

यहां चौड़ी छाती वीरों की
यहां भोली शक्लें हीरों की
यहां गाते हैं रांझे मस्ती में, मचती हैं धूमें बस्ती में

पेड़ों पे बहारें झूलों की
राहों में क़तारें फूलों की
यहां हंसता है सावन बालों में, खिलती हैं कलियां गालों में

कहीं दंगल शोख़ जवानों के
कहीं करतब तीरकमानों के
यहां नित–नित मेले सजते हैं, नित ढोल और ताशे बजते हैं

दिलवर के लिए दिलदार हैं हम
दुश्मन के लिए तलवार हैं हम
मैदां में अगर हम डट जाएं, मुश्किल है कि पीछे हट जाएं

❐ ❐

न तो कारवां की तलाश है, न तो राहबर की तलाश है
मेरे शौक़े ख़ाना खराब को, तेरी रहगुज़र की तलाश है

–मेरे ना मुराद जुनून का है इलाज कोई तो मौत है
जो दवा के नाम पे जहर दे उसी चारागर की तलाश है

–तेरा इश्क़ है मेरी आरज़ू, तेरा इश्क़ है मेरी आबरू
तेरा इश्क़ मैं कैसे छोड़ दूँ, मेरी उम्र भर की तलाश है
दिल इश्क़ जिस्म इश्क़ है, और जान इश्क़ है
ईमान की जो पूछो, तो ईमान इश्क़ है
तेरा इश्क़ मैं कैसे छोड़ दूँ, मेरी उम्र भर की तलाश है

–वहशते दिल रस्नो–दार से रोकी न गई
किसी खंजर किसी तलवार से रोकी न गई
इश्क़ मजनूँ की वो आवाज़ है जिस के आगे
कोई लैला किसी दीवार से रोकी न गई
यह इश्क़ इश्क़ है–

–वो हँस के अगर मांगे तो हम जान भी दे दें
ये जान तो क्या चीज़ हैं ईमान भी दे दें

इश्क़ आज़ाद है, हिन्दू न मुसलमान है इश्क़
आप ही धर्म है आप ही ईमान है इश्क़

जिस से आगाह नहीं शेख–ओ–बरहमन दोनों
इस हक़ीक़त का गरजता हुआ ऐलान है इश्क़

–इश्क़ न पुच्छे दीन धरम नूँ, इश्क़ न पुच्छे जातां
इश्क़ दे हत्थों गर्म लहु विच डुबियां लक्ख बरातां
यह इश्क़ इश्क़ है

–जब जब कृष्ण की बंसी बाजी निकली राधा घर से
जान अजान का भेद भुला के लोकलाज को तज के
बन–बन डोली जनक दुलारी पहन के प्रेम की माला
दर्शन जल की प्यासी मीरा पी गई विष का प्याला
यह इश्क़ इश्क़ है

–अल्लाह और रसूल का फ़र्मान इश्क़ है
यानी हदीस इश्क़ है क़ुरान इश्क़ है
गौतम का और मसीहा का अरमान इश्क़ है
ये कायनात इश्क़ है और जान इश्क़ है
इश्क़ सरमद, इश्क़ ही मन्सूर है
इश्क़ मूसा, इश्क़ कोहेनूर है
खाक को बुत और बुत को देवता करता है इश्क़
इन्तिहा ये है कि बंदे को खुदा करता है इश्क़
यह इश्क़ इश्क़ है

❐ ❐

आज क्यों हम से पर्दा है?

तेरा हर रंग हमने देखा है
तेरा हर ढंग हमने देखा है
हाथ खेले हैं तेरी ज़ुल्फ़ों से
आंख वाक़िफ़ है तेरे जल्वों से
तुझको हर तरह आज़माया है
पा के खोया है खो के पाया है
अंखड़ियों का वयां समझते हैं
धड़कनों की ज़वां समझते हैं
चूड़ियों की खनक से वाक़िफ़ हैं
छागलों की छनक से वाक़िफ़ हैं
नाज़ो अंदाज़ जानते हैं हम
तेरा हर राज़ जानते हैं हम
आज क्यों हम से पर्दा है?

मुंह छिपाने से फ़ायदा क्या है
दिल दुखाने से फ़ायदा क्या है
उलझी–उलझी लटें संवार के आ
हुस्न को और भी निखार के आ
नर्म गालों में बिजलियां लेकर
शोख आंखों में तितलिया लेकर
आ भी जा अब अदा से लहराती
एक दुल्हन की तरह शर्माती
तू नहीं है तो रात सूनी है

इश्क़ की कायनात सूनी है
मरने वालों की जिन्दगी तू है
इस अंधेरे की रोशनी तू है
आज क्यों हम से पर्दा है?

आ तेरा इन्तज़ार कब से है
हर नज़र बेकरार कब से है
शम्मा रह-रह के झिलमिलाती है
सांस तारों की डूबी जाती है
तू अगर मेहरबान हो जाए
हर तमन्ना जवान हो जाए

आ भी जा अब कि रात जाती है
एक आशिक की बात जाती है
ख़ैर हो तेरी ज़िन्दगानी की
भीख दे दे हमें ज़वानी की
तुझ पे सौ जान से फ़िदा हम हैं
एक मुद्दत से आशना हम हैं
आज क्यों हम से पर्दा है?

❐ ❐

तू हिन्दू बनेगा न मुसलमान बनेगा
इन्सान की औलाद है इन्सान बनेगा

अच्छा है अभी तक तेरा कुछ नाम नहीं है
तुझको किसी मज़हब से कुछ काम नहीं है
जिस इल्म ने इन्सान को तक़सीम किया है
उस इल्म का तुझ पर कोई इल्ज़ाम नहीं है

तू बदले हुए वक़्त की पहचान बनेगा
इन्सान की औलाद है इन्सान बनेगा

मालिक ने हर इन्सान को इन्सान बनाया
हमने उसे हिन्दू या मुसलमान बनाया
क़ुदरत ने तो बख़्शी थी हमें एक ही धरती
हमने कहीं भारत, कहीं ईरान बनाया

जो तोड़ दे हर बंद, वह तूफ़ान बनेगा
इन्सान की औलाद है इन्सान बनेगा

नफ़रत जो सिखाए वह धर्म तेरा नहीं है
इन्सान को रौंदे वह क़दम तेरा नहीं है
क़ुरान न हो जिसमें वह मंदिर नहीं तेरा
गीता न हो जिसमें वह हरम तेरा नहीं है

तू अम्न और सुलह का अरमान बनेगा
इन्सान की औलाद है इन्सान बनेगा

ये दीन के ताजिर, ये वतन बेचने वाले
इन्सानों की लाशों के कफ़न बेचने वाले
ये महलों में बैठे हुए क़ातिल, ये लुटेरे
कांटों के इवज़ रूह–ए–चमन बेचने वाले

तू उनके लिए मौत का सामान बनेगा
इन्सान की औलाद है इन्सान बनेगा

❑ ❑

मैंने शायद तुम्हें पहले भी कभी देखा है!

अजनबी-सी हो मगर ग़ैर नहीं लगती हो
वहम से भी हो नाज़ुक वह यक़ीं लगती हो
हाय यह फूल–सा चेहरा ये घनेरी जुल्फें
मेरे शे'रों से भी तुम मुझको हसीं लगती हो

देखकर तुमको किसी रात की याद आती है
एक ख़ामोश मुलाक़ात की याद आती है
ज़हन पे हुस्न को ठंडक का असर जागता है
आँच देती हुई बरसात की याद आती है

मेरी आंखों में झुकी रहती है पलकें जिसकी
तुम वही मेरे ख्यालों की परी हो कि नहीं
कहीं पहले की तरह फिर तो न खो जाओगी
जो हमेशा के लिए हो, वह खुशी हो कि नहीं

मैने शायद तुम्हें पहले भी कहीं देखा है!

❐❐

ज़िन्दगी भर नहीं भूलेगी वह बरसात की रात
एक अनजान हसीना से मुलाक़ात की रात

हाय वो रेशमी ज़ुल्फ़ों से बरसता पानी
फूल से गालों पे रुकने को तरसता पानी

दिल में तूफ़ान उठाते हुए जज़्बात की रात
ज़िन्दगी भर नहीं भूलेगी वह बरसात की रात

डर के बिजली से अचानक यह लिपटना उसका
और फिर शर्म से बलखा के सिमटना उसका

कभी देखी न सुनी ऐसी तिलस्मात की रात
ज़िन्दगी भर नहीं भूलेगी वह बरसात की रात

सुर्ख़ आंचल को दबाकर जो निचोड़ा उसने
दिल पे जलता हुआ इक तीर-सा छोड़ा उसने

आग पानी में लगाते हुए लम्हात की रात
ज़िन्दगी भर नहीं भूलेगी वह बरसात की रात

मेरे नग़्मों में जो बसती है वह तस्वीर थी वह
नौजवानी के हसीं ख्वाब की तअबीर थी वह

आस्मानों से उतर आई थी जो रात की रात
ज़िन्दगी भर नहीं भूलेगी वह बरसात की रात

❐ ❐

अपना दिल पेश करूं, अपनी वफ़ा पेश करूं
कुछ समझ में नहीं आता, तुझे क्या पेश करूं?

तेरे मिलने की खुशी में कोई नग़मा छेड़ूँ
या तेरे दर्द–ए–जुदाई का गिला पेश करूं?

मेरे ख्वाबों में भी तू, मेरे ख्यालों में भी तू
कौन-सी चीज़ तुझे तुझ से जुदा पेश करूं?

जो तेरे दिल को लुभा ले वह अदा मुझ में नहीं
क्यों न तुझको कोई तेरी ही अदा पेश करूं?

❒ ❒

बच्चो! तुम तक़दीर हो कल के हिन्दुस्तान की!
बापू के वरदान की, नेहरू के अरमान की!!

आज़ के टूटे खंडरों पर तुम कल का देश बसाओगे
जो हम लोगों से न हुआ, वह तुम करके दिखलाओगे
तुम नन्ही बुनियादें हो दुनिया के नये विधान की
बच्चो! तुम तक़दीर हो कल के हिन्दुस्तान की

जो सदियो के बाद मिली है, वह आज़ादी खोए ना
दीन–धर्म के नाम पे कोई बीज फूट का बोए ना
हर मज़हब से ऊंची है क़ीमत इन्सानी जान की
बच्चो ! तुम तक़दीर हो कल के हिन्दुस्तान की

फिर कोई 'जयचन्द' न उभरे फिर कोई 'जाफर' न उठे
गैरों का दिल खुश करने को अपनों पे खंजर न उठे
धन दौलत के लालच में तौहीन न हो ईमान की
बच्चो! तुम तक़दीर हो कल के हिन्दुस्तान की

बहुत दिनों तक इस दुनिया में रीत रही है जंगों की
लड़ी हैं धन वालों की ख़ातिर फ़ौजे भूखे नंगों की
कोई लुटेरा ले न सके अब क़ुर्बानी इन्सान की
बच्चो! तुम तक़दीर हो कल के हिन्दुस्तान की

नारी को इस देश ने देवी कहकर दासी जाना है
जिसको कुछ अधिकार न हो, वह घर की रानी माना है
तुम ऐसा आदर मत लेना, आड़ जो हो अपमान की
बच्चो ! तुम तक़दीर हो कल के हिन्दुस्तान की

रह न सके अब इस दुनिया में युग सर्मायादारी का
तुमको झंडा लहराना है मेहनत की सरदारी का
मिल हों अब मज़दूरों के और खेती हो दहक़ान की
बच्चो ! तुम तक़दीर हो कल के हिन्दुस्तान की

❐ ❐

❋

संवाद-गीत

बच्चे–

हमने सुना था एक है भारत
सब मुल्कों से नेक है भारत
लेकिन जब नज़दीक से देखा
सोच समझ कर ठीक से देखा
हमने नक़्शे और ही पाए
बदले हुए सब तौर ही पाए
एक से एक की बात जुदा है
धर्म जुदा है ज़ात जुदा है
आप ने जो कुछ हम को पढ़ाया
वह तो कहीं भी नज़र न आया

अध्यापक–

जो कुछ मैंने तुमको पढ़ाया
उसमें कुछ भी झूठ नहीं
भाषा से भाषा न मिले
तो इसका मतलब फूट नहीं
इक डाली पर रह कर
जब फूल जुदा है पात जुदा
बुरा नहीं गर यूँ ही वतन में
धर्म जुदा हो ज़ात जुदा

बच्चे–

वही है जब क़ुर्रान का कहना
जो है वेद पुरान का कहना
फिर यह शोर-शराबा क्यों है
इतना ख़ून-ख़राबा क्यों है?

अध्यापक– सदियों तक इस देश में बच्चो !
रही हुकूमत ग़ैरों की
अभी तलक हम सबके मुंह पर
धूल है उनके पैरों की
'लड़वाओं और राज करो',
यह उन लोगों की हिकमत थी
उन लोगों की चाल में आना
हम लोगों की ज़िल्लत थी
यह जो बैर है इक दूजे से
यह जो फूट और रंजिश है
उन्हीं विदेशी आक़ाओं की
सोची समझी बख़शिश है

बच्चे– कुछ इन्सान ब्रह्मन क्यों हैं?
कुछ इन्सान हरिजन क्यों हैं?
एक की इतनी इज़्ज़त क्यों है?
एक की इतनी ज़िल्लत क्यों है?

अध्यापक– धन और ज्ञान को ताक़त वालों
ने अपनी जागीर कहा
मेहनत और गुलामी को
कमज़ोरों की तक़दीर कहा
इन्सानों का यह बटवारा
वहशत और जहालत है
जो नफ़रत की शिक्षा दे
वह धर्म नहीं है, लानत है
जन्म से कोई नीच नहीं है
जन्म से कोई महान नहीं
करम से बढ़कर किसी मनुष्य की
कोई भी पहचान नहीं

बच्चे– ऊंचे महल बनाने वाले
फुटपाथों पर क्यों रहते हैं ?
दिन भर मेहनत करने वाले
फ़ाक़ों का दु:ख क्यों सहते हैं?

अध्यापक– खेतों और मिलों पर अब तक
धन वालों का इजारा है
हमको अपना देश प्यारा,
उन्हें मुनाफ़ा प्यारा है
उनके राज में बनती है
हर चीज़ तिज़ारत की ख़ातिर
अपने राज में बना करेगी
'सब' की ज़रूरत की ख़ातिर

बच्चे– अब तो देश में आज़ादी है
अब क्यों जनता फ़रियादी है?
कब जाएगा दौर पुराना?
कब आएगा नया जमाना?

अध्यापक– सदियों की भूख और बेकारी
क्या इक दिन में जाएगी?
इस उजड़े गुलशन पर रंगत
आते आते आएगी
ये जो नये मन्बे हैं
ये जो नई तामीरें हैं
आने वाले दौर की कुछ
धुंधली-धुंधली तस्वीरें हैं
तुम ही रंग भरोगे इनमें
तुम ही इन्हें चमकाओगे
नवयुग आप नहीं आयेगा
नवयुग को तुम लाओगे!

❐ ❐

मैं ज़िन्दगी का साथ निभाता चला गया
हर फ़िक्र को धुएं में उड़ाता चला गया।

बरबादियों का सोग मनाना फ़िज़ूल था
बरबादियों का जश्न मनाता चला गया।

जो मिल गया उसी को मुक़द्दर समझ लिया
जो खो गया मैं उस को भुलाता चला गया

ग़म और खुशी में फ़र्क न महसूस हो जहां
मैं दिल को उस मक़ाम पै लाता चला गया

❐ ❐

कभी खुद पे कभी हालात पे रोना आया
बात निकली तो हर इक बात पे रोना आया

हम तो समझे थे कि हम भूल गए हैं उनको
क्या हुआ आज यह किस बात पे रोना आया?

किसलिए जीते हैं हम, किसके लिए जीते हैं?
बारहा ऐसे सवालात पे रोना आया

कौन रोता है किसी और की खातिर, ऐ दोस्त!
सबको अपनी ही किसी बात पे रोना आया

❐ ❐

अभी न जाओ छोड़ कर कि दिल अभी भरा नहीं!

अभी अभी तो आई हो, बहार बन के छाई हो
हवा ज़रा महक तो ले, नज़र ज़रा बहक तो ले
ये शाम ढल तो ले ज़रा, ये दिल संभल तो ले ज़रा
मैं थोड़ी देर जी तो लूँ, नशे के घूँट पी तो लूँ
अभी तो कुछ कहा नहीं, अभी तो कुछ सुना नहीं
कि दिल अभी भरा नहीं!

सितारे झिलमिला उठे, चिराग़ जगमगा उठे
बस अब न मुझको टोकना, न बढ़ के राह रोकना
यही कहोगे तुम सदा, कि दिल अभी नहीं भरा
जो खत्म हो किसी जगह, ये ऐसा सिलसिला नहीं
कि दिल अभी भरा नहीं!

अधूरी आस छोड़ के, अधूरी प्यास छोड़ के
जो रोज़ यूँ ही जाओगी, तो किस तरह निभाओगी
कि ज़िन्दगी की राह में, जवां दिलों की चाह में
कई मक़ाम आयेंगे, जो हम को आज़मायेंगे
बुरा न मानो बात का, ये प्यार है गिला नहीं
कि दिल अभी भरा नहीं!

❐ ❐

(२)

जहां में ऐसा कौन है कि जिस को ग़म मिला नहीं!
दुख और सुख के रास्ते, बने हैं सब के वास्ते
जो ग़म से हार जाओगे, तो किस तरह निभाओगे?
खुशी मिले हमें कि ग़म, जो होगा बांट लेंगे हम
मुझे तुम आज़माओ तो, जरा नज़र मिलाओ तो
ये जिस्म दो सही मगर दिलों में फ़ासला नहीं।

तुम्हारे प्यार की क़सम, तुम्हारा ग़म है मेरा ग़म
न यूँ बुझे बुझे रहो जो दिल की बात है कहो
जो मुझसे भी छिपाओगे, तो फिर किसे बताओगे?
मैं कोई ग़ैर तो नहीं, दिलाऊं किस तरह यक़ीं
कि तुमसे मैं जुदा नहीं हूँ, मुझसे तुम जुदा नहीं।

❐ ❐

भूल सकता है भला कौन ये प्यारी आंखें
रंग में डूबी हुई नींद से भारी आंखें

मेरी हर सोच ने, हर सांस ने, चाहा है तुम्हें
जब से देखा है तुम्हें तब से सराहा है तुम्हें
बस गई हैं मेरी आंखों में तुम्हारी आंखें।

तुम जो नज़रों को उठा लो तो सितारे झुक जाएं
तुम जो पलकों को झुकालो तो ज़माने रुक जाएं
क्यों न बन जाएं इन आंखों की पुजारी आंखें।

जागती रातों को सपनों का ख़जाना मिल जाए
तुम जो मिल जाओ तो जीने का बहाना मिल जाए
अपनी किस्मत पै करें नाज़ हमारी आंखें।

❒ ❒

आज की रात मुरादों की बरात आई है!

आज की रात नहीं शिकवा–शिकायत के लिए
आज हर लम्हा, हर इक पल है मुहब्बत के लिए
रेशमी सेज है, महकी हुई तनहाई है
आज की रात मुरादों की बरात आई है

हर गुनाह आज मुकद्दस है फरिश्तों की तरह
कांपते हाथों को मिल जाने दो रिश्तों की तरह
आज मिलने में न उलझन है न रुस्वाई है
आज की रात मुरादों की बरात आई है

अपनी ज़ुल्फें मेरे शाने पै बिखर जाने दो
इस हसीं रात को कुछ और निखर जाने दो
सुबह ने आज न आने की क़सम खाई है
आज की रात मुरादों की बरात आई है

❐ ❐

मैं जब भी अकेली होती हूँ तुम चुपके से आ जाते हो
और झांक के मेरी आंखों में बीते दिन याद दिलाते हो!

मस्ताना हवा के झोकों से हर बार वह पर्दे का हिलना
पर्दे को पकड़ने की धुन में दो अजनबी हाथों का मिलना
आंखों में धुआं-सा छा जाना, सांसों में सितारे से खिलना

मुड़ मुड़ के तुम्हारा रस्ते में तकना वह मुझे जाते जाते
और मेरा ठिठक कर रुक जाना चिलमन के क़रीब आते आते
नज़रों का तरस कर रह जाना इक और झलक पाते पाते

बालों को सुखाने की ख़ातिर कोठे पे वह मेरा आ जाना
और तुमको मुक़ाबल पाते ही कुछ शर्माना कुछ बल खाना
हम सायों के डर से कतराना, घर वालों के डर से घबराना।

बरसात के भीगे मौसम में, सर्दी की ठिठुरती रातों में
पहरों वह यूंही बैठे रहना हाथों को पकड़ कर हाथों में
और लम्बी-लम्बी घड़ियों का कट जाना बातों बातों में

रो–रो के तुम्हें ख़त लिखती हूँ और खुद पढ़कर रो लेती हूँ
हालात के तपते तूफ़ां में, जज़्बात की कश्ती खेती हूँ
कैसे हो, कहां हो? कुछ तो कहो, मैं तुमको सदाएं देती हूँ।
मैं जब भी अकेली होती हूँ–

❐ ❐

सलाम–ए–हसरत क़बूल कर लो
मेरी मुहब्बत क़बूल कर लो

उदास नज़रें तड़प-तड़प कर तुम्हारे जल्वों को ढूँढ़ती हैं
जो ख़्वाब की तरह खो गए उन हसीन लम्हों को ढूँढ़ती हैं
अगर न हो नागवार तुमको तो यह शिकायत क़बूल कर लो
सलाम-ए-हसरत क़बूल कर लो।

तुम्हीं निगाहों की जुस्तजू हो, तुम्हीं ख्यालों का मुद्दआ हो
तुम्हीं मेरे वास्ते सनम हो, तुम्हीं मेरे वास्ते खुदा हो
मेरी परस्तिश की लाज रख लो, मेरी इबादत क़बूल कर लो
सलाम-ए-हसरत क़बूल कर लो।

तुम्हारी झुकती नज़र से जब तक न कोई पैग़ाम मिल सकेगा
न रूह तस्कीन पा सकेगी, न दिल को आराम मिल सकेगा
ग़म–ए–जुदाई है जानलेवा, यह इक हक़ीक़त क़बूल कर लो
सलाम-ए-हसरत क़बूल कर लो।

❐ ❐

जो बात तुझ में है, तेरी तस्वीर में नहीं!

रंगों में तेरा अक्स ढला, तू न ढल सकी
सांसों की आंच, जिस्म की खुशबू न ढल सकी
तुझ में जो लोच है, मेरी तहरीर में नहीं
तेरी तस्वीर में नहीं!

बेजान हुस्न में कहां रफ्तार की अदा
इनकार की अदा है न इक़रार की अदा
कोई लचक भी ज़ुल्फे गिरहगीर में नहीं
तेरी तस्वीर में नहीं!

दुनिया में कोई चीज़ नहीं है तेरी तरह
फिर एक बार सामने आ जा किसी तरह
क्या और इक झलक मेरी तक़दीर में नहीं?
तेरी तस्वीर में नहीं!

❐ ❐

पांव छू लेने दो फूलों को, इनायत होगी
वरना हमको नहीं, इनको भी शिकायत होगी

आप जो फूल बिछाएं उन्हें हम ठुकराएं?
हमको डर है कि ये तौहीने–मुहब्बत होगी

दिल की बेचैन उमंगों पै करम फर्माओ
इतना रुक रुक के चलोगी तो क़यामत होगी

शर्म रोके है इधर, शौक़ उधर खींचे है
क्या खबर थी कभी इस दिल की ये हालत होगी

शर्म ग़ैरों से हुआ करती है अपनों से नहीं
शर्म हम से भी करोगी तो मुसीबत होगी।

❐ ❐

जो वादा किया वो निभाना पड़ेगा
रोके ज़माना, चाहे रोके खुदाई,
तुमको आना पड़ेगा

तरसती निगाहों ने आवाज़ दी है
मुहब्बत की राहों ने आवाज़ दी है
जाने हया, आने अदा–छोड़ो तरसाना,
तुमको आना पड़ेगा

ये माना हमें जां से जाना पड़ेगा
पर ये समझ लो तुमने जब भी पुकारा,
हमको आना पड़ेगा

हम अपनी वफ़ा पर न इल्ज़ाम लेंगे
तुम्हें दिल दिया है, तुम्हें जान देंगे
जब इश्क़ का सौदा किया, फिर कैसा घबड़ाना,
हमको आना पड़ेगा

❐ ❐

खुदाए बरतर! तेरी जमीं पर जमीं की ख़ातिर ये जंग क्यों है?
हर एक फतह–ओ–ज़फर के दामन पै खूने–इंसां का रंग क्यों है?

ज़मीं भी तेरी है, हम भी तेरे, ये मिल्कियत-का सवाल क्यों है
ये क़त्ल-ओ-खूँ का रिवाज क्यों है, ये रस्मे जंग–ओ–जवाल क्यों है
जिन्हें तलब है जहान भर की, उन्हीं का दिल इतना तंग क्यों है?

ग़रीब माओं, शरीफ बहनों को अम्न–ओ– इज़्ज़त की ज़िंदगी दे
जिन्हें अता की है तूने ताकत, उन्हें हिदायत की रोशनी दे,
सरों में कब्र–ओ–ग़ुरूर क्यों है, दिलों के शीशे पै ज़ंग क्यों हैं?

कज़ा के रस्ते पै जाने वालों को बच के आने की राह देना
दिलों के गुलशन उजड़ न जायें, मुहब्बतों को पनाह देना
जहां में अपने वफ़ा के बदले, ये जश्ने तीरो–तफ़ंग क्यों है?

इतनी हसीं, इतनी जवां रात क्या करें
जागे हैं कुछ अजीब से जज़्बात क्या करें?

पेड़ों के बाज़ुओं में लपकती है चांदनी
बेचैन हो रहे हैं ख़्यालात क्या करें?

सांसों में घुल रही है किसी सांस की महक
दामन को छू रहा है कोई, बात क्या करें?

शायद तुम्हारे आने से ये भेद खुल सके
हैरान हैं कि आज नई बात क्या करें?

❐ ❐

ये वादियां, ये फ़िज़ाएं, बुला रही हैं तुम्हें
ख़ामोशियों की सदाएं बुला रही हैं तुम्हें

तरस रहे हैं जवां फूल होठ छूने को
मचल मचल के हवाएं बुला रही हैं तुम्हें

तुम्हारी ज़ुल्फ़ों से खुशबू की भीक लेने को
झुकी झुकी-सी घटाएं बुला रही हैं तुम्हें

हसीन चम्पई पैरों को जब से देखा है
नदी की मस्त अदाएं बुला रही हैं तुम्हें

मेरा कहा न सुनो, उनकी बात तो सुन लो
हर एक दिल की दुआएं बुला रही हैं तुम्हें

❐❐

ग़ुस्से में जो निखरा है, उस हुस्न का क्या कहना
कुछ देर अभी हमसे तुम यों ही ख़फ़ा रहना।

इस हुस्न के शोले की तस्वीर बना लें हम
इन गर्म निगाहों को सीने से लगालें हम
पल भर इसी आलम में ऐ जाने–अदा रहना
तुम यों ही ख़फ़ा रहना

ये दहका हुआ चेहरा, ये बिखरी हुई ज़ुल्फें
ये बढ़ती हुई धड़कन, ये चढ़ती हुई साँसें
सामाने–क़जा हो तुम, सामाने–क़ज़ा रहना
तुम यों ही ख़फ़ा रहना

पहले भी हसीं थी तुम, लेकिन ये हक़ीक़त है
वो हुस्न मुसीबत था, ये हुस्न क़यामत है
औरों से तो बढ़कर हो, ख़ुद से भी सिवा रहना
तुम यों ही ख़फ़ा रहना

❐ ❐

कौन आया कि निगाहों मे चमक जाग उठी
दिल के सोए हुए तारों में खनक जाग उठी

किस के आने की ख़बर ले के हवाएं आईं
जिस्म से फूल चटकने की सदाएं आईं
रूह खिलने लगी, सांसों में महक जाग उठी

किसने मेरी नज़र देख के बाहें खोली
शोख़ जज़्बात ने सीने में निगाहें खोली
होठ तपने लगे, ज़ुल्फों में लचक जाग उठी

किसके हाथों ने मेरे हाथों से कुछ मांगा है
किसके ख़्वाबों ने मेरे ख़्वाबों से कुछ मांगा है
दिल मचलने लगा, आंचल में छनक जाग उठी

❐ ❐

मुझे गले से लगा लो बहुत उदास हूँ मैं
ग़मे–जहां से छुड़ा लो बहुत उदास हूँ मैं

ये इंतज़ार का दुःख, अब सहा नहीं जाता
तड़प रही है मुहब्बत, रहा नहीं जाता
तुम अपने पास बुला लो, बहुत उदास हूँ मैं।

हर एक सांस में मिलने की प्यास पलती है
सुलग रहा है बदन और रूह जलती है
बचा सको तो बचा लो, बहुत उदास हूँ मैं।

भटक चुकी हूँ बहुत ज़िन्दगी की राहों में
मुझे अब आके छुपा लो तुम अपनी बाहों में
मेरा सवाल न टालो, बहुत उदास हूँ मैं।

❒ ❒

जुर्मे उल्फ़त पे हमें लोग सज़ा देते हैं
कैसे नादान हैं, शोलों को हवा देते हैं

हम से दीवाने कहीं तर्के-वफ़ा करते हैं?
जान जाए कि रहे बात निभा देते हैं

आप दौलत के तराज़ू में दिलों को तोल
हम मुहब्बत से मुहब्बत का सिला देते हैं

तख़्त क्या चीज़ है, और लाल–ओ–जवाहर क्या हैं
इश्क वाले तो ख़ुदाई भी लुटा देते हैं

हमने दिल दे भी दिया, अहदे–वफ़ा ले भी लिया
आप अब शौक़ से दे लें जो सज़ा देते हैं।

❒ ❒

ये हुस्न मेरा ये इश्क तेरा, रंगीन तो है बदनाम सही
मुझ पर तो कई इल्ज़ाम लगे, तुझ पर भी कोई इल्ज़ाम सही

इस रात की निखरी रंगत को कुछ और निखर जाने दे ज़रा
नज़रों को बहक लेने दे ज़रा, ज़ुल्फ़ों को बिखर जाने दे ज़रा
कुछ देर की ही तस्कीन सही, कुछ देर का ही आराम सही

जज़्बात की कलियां चुनना है, और प्यास का तोहफा देना है
लोगों की निगाहें कुछ भी कहें, लोगों से हमें क्या लेना है
ये ख़ास तअ़ल्लुक आपस का, दुनिया की नज़र में आम सही

रुस्वाई के डर से घबड़ा कर, हम तर्के– वफा कब करते हैं
जिस दिल को बसा लें पहलू में, उस दिल को जुदा कब करते हैं
जो हश्र हुआ है लाखों का, अपना भी वही अंजाम सही।

संसार से भागे फिरते हो, भगवान को तुम क्या पाओगे?
इस लोक को भी अपना न सके, उस लोक में भी पछताओगे

ये पाप है क्या , ये पुण्य है क्या? रीतों पै धरम की मुहरें हैं
हर युग में बदलते धर्मों को कैसे आदर्श बनाओगे?

ये भोग भी एक तपस्या है, तुम त्याग के मारे क्या जानो
अपमान रचयिता का होगा, रचना को अगर ठुकराओगे

हम कहते हैं यह जग अपना है, तुम कहते हो झूठा सपना है
हम जन्म बिता कर जायेंगे, तुम जन्म गंवा कर जाओगे।

❐ ❐

लागा चुनरी में दाग छुपाऊं कैसे?
घर जाऊं कैसे?

हो गई मैली मोरी चुनरिया
कोरे बदन-सी कोरी चुनरिया
जाके बाबुल से नज़रें मिलाऊं कैसे
—घर जाऊं कैसे?

भूल गई सब वचन विदा के
खो गई मैं सुसराल में आके
जाके बाबुल से नजरें मिलाऊं कैसे
घर जाऊं कैसे?

कोरी चुनरिया आत्मा मोरी, मैल है मायाजाल
वह दुनिया मोरे बाबुल का घर, ये दुनिया ससुराल
जाके बाबुल से नज़रें मिलाऊं कैसे
घर जाऊं कैसे?

लागा चुनरी में दाग छुपाऊं कैसे?

❒ ❒

तुम चली जाओगी परछाइयां रह जायेंगी
कुछ न कुछ हुस्न की रानाइयां रह जायेंगी

तुम कि इस झील के साहिल पै मिली हो मुझसे
जब भी देखूँगा यहीं मुझको नज़र आओगी
याद मिटती है न मंज़र कोई मिट सकता है
दूर जाकर भी तुम अपने को यहीं पाओगी

घुल के रह जायेगी झोकों में बदन की खुशबू
ज़ुल्फ का अक्स घटाओं में रहेगा सदियों
फूल चुपके से चुरा लेंगे लबों की सुर्ख़ी
ये जवां हुस्न फ़िज़ाओं में रहेगा सदियों

इस धड़कती हुई शादाब-ओ-हसीं वादी में
ये न समझो कि ज़रा देर का किस्सा हो तुम
हम हमेशा के लिए मेरे मुकद्दर की तरह
इन नज़ारों के मुकद्दर का भी हिस्सा हो तुम

तुम चली जाओगी परछाइयां रह जायेंगी
कुछ न कुछ हुस्न की रानाइयां रह जायेंगी

❐ ❐

नग़मा–ओ–शैर की सौग़ात किसे पेश करूं
ये छलकते हुए जज़्बात किस पेश करूं?

शोख आंखों के उजालों को लुटाऊं किस पर
मस्त ज़ुल्फों की सियह रात किसे पेश करूं?

गर्म सांसों में छुपे राज़ बताऊं किस को
नर्म होठों में दबी बात किसे पेश करूँ?

कोई हमराज़ तो पाऊँ, कोई हमदम तो मिले
दिल की धड़कन के इशारात किसे पेश करूँ?

❐ ❐

२.

रंग और नूर की बारात किसे पेश करूँ
ये मुरादों की हसीं रात किसे पेश करूँ?

मैंने जज़्बात निभाए हैं असूलों, की जगह
अपने अरमान पिरो लाया हूँ फूलों की जगह
तेरे सेहरे की ये सौग़ात किसे पेश करूँ?

ये मेरे शेर मेरे आख़िरी नज़राने हैं
मैं उन अपनों में हूँ जो आज से बेगाने हैं
बेतअल्लुक़-सी मुलाकात किसे पेश करूँ?

सुर्ख जोड़े की तब–ओ–ताब मुबारक हो तुझे
तेरी आंखों का नया ख्वाब मुबारक हो तुझे
मैं ये ख़्वाहिश, ये ख़यालात किसे पेश करूँ?

कौन कहता है कि चाहत पै सभी का हक़ है
तू जिसे चाहे तेरा प्यार उसी का हक़ है

मुझसे कहदे मैं तेरा हाथ किसे पेश करूं?
रंग और नूर की बारात किसे पेश करूं?

❒ ❒

ये ज़ुल्फ अगर खुल के बिखर जाए तो अच्छा
इस रात की तक़दीर संवर जाए तो अच्छा

जिस तरह से थोड़ी-सी तेरे साथ कटी है
बाक़ी भी इसी तरह गुज़र जाए तो अच्छा

दुनिया की निगाहों में बुरा क्या है भला क्या?
ये बोझ अगर दिल से उतर जाए तो अच्छा

वैसे तो तुम्हीं ने मुझे बर्बाद किया है
इल्ज़ाम किसी और के सर जाय तो अच्छा!

❐ ❐

महफ़िल से उठ जाने वालो, तुम लोगों पर क्या इल्ज़ाम
तुम आबाद घरों के वासी, मैं आवारा और बदनाम
मेरे साथी ख़ाली जाम!

दो दिन तुमने प्यार जताया, दो दिन तुमसे मेल रहा
अच्छा ख़ासा वक़्त कटा और अच्छा ख़ासा खेल रहा
अब उस खेल का ज़िक्र ही क्या, वक्त कटा और खेल तमाम
मेरे साथी ख़ाली जाम!

तुमने ढूँढ़ी सुख की दौलत, मैने पाला ग़म का रोग
कैसे बनता, कैसे निभता, ये रिश्ता और ये संजोग
मैने दिल को दिल से तोला, तुमने मांगे प्यार के दाम
मेरे साथी ख़ाली जाम!

तुम दुनिया को बेहतर समझे, मैं पागल था ख़्वार हुआ
तुम को अपनाने निकला था, खुद से भी बेज़ार हुआ
देख लिया घर फूँक तमाशा, जान लिया मैंने अंजाम
मेरे साथी ख़ाली जाम!

❐ ❐

मौत कितनी भी संग दिल हो, मगर
ज़िन्दगी से तो मेहरबां होगी!

नित नए रंज दिल को देती है
ज़िन्दगी हर खुशी की दुश्मन है।
मौत सब से निवाह करती है
ज़िन्दगी ज़िन्दगी की दुश्मन है।।

कुछ न कुछ तो सकून पायेगा,
मौत के बस में जिसकी जां होगी!

रंग और नस्ल, नाम और दौलत
ज़िन्दगी कितने फ़र्क़ मानती है
मौत हद–बन्दियों से ऊंची है
सारी दुनिया को एक जानती है

जिन असूलों पै मर रहे हैं हम
उन असूलों की क़द्रदां होगी!

मौत से और कुछ मिले न मिले
ज़िन्दगी से तो जान छूटेगी
मुस्कुराहट नसीब हो कि न हो
आंसुओं की लड़ी तो टूटेगी

हम न होंगे तो ग़म किसे होगा?
खत्म हर ग़म की दास्तां होगी!

❐ ❐

भूले से मुहब्बत कर बैठा, नादां था बेचारा दिल ही तो है
हर दिल से ख़ता हो जाती है, बिगड़ो न खुदारा दिल ही तो है!

इस तरह निगाहें मत फेरो,
ऐसा न हो कि धड़कन रुक जाए!
सीने में कोई पत्थर तो नहीं
अहसास का मारा दिल ही तो है।

जज़्बात भी हिन्दू होते हैं,
चाहत भी मुसलमां होती है
दुनिया का इशारा था लेकिन
समझा न इशारा दिल ही तो है!

बेदर्दे गरों की ठोकर से
सब ख़्वाब सुहाने चूर हुए
अब दिल का सहारा ग़म ही तो है
अब ग़म का सहारा दिल ही तो है!

❐ ❐

सब में शामिल हो मगर, सब से जुदा लगती हो
सिर्फ हम से ही नहीं, खुद से भी ख़फ़ा लगती हो

आंख उठती है न झुकती है किसी की ख़ातिर
सांस चढ़ती है न रुकती है किसी की ख़ातिर
जो किसी दर पै न ठहरे, वो हवा लगती हो

ज़ुल्फ लहराए तो आंचल में छुपा लेती हो
होठ थर्राएं तो दांतों में दबा लेती हो
जो कभी खुल के न बरसे वो घटा लगती हो

जागी जागी नज़र आती हो न सोयी सोयी
तुम कि हो अपने ख़यालात में खोयी खोयी
किसी मायूस मुस्सवर की दुआ लगती हो!

❐ ❐

परबतों के पेड़ों पर शाम का बसेरा है
सुरमई उजाला है, चम्पई अंधेरा है

दोनों वक्त मिलते हैं दो दिलों की सूरत से
आस्मां ने खुश होकर रंग-सा बिखेरा है

ठहरे-ठहरे पानी में गीत सरसराते हैं
भीगे-भीगे झोंकों में खुशबुओं का डेरा है

क्यों न जज़्ब हो जाएं, इस हसीं नज़ारे में
रोशनी का झुरमुट है, मस्तियों का घेरा है।

❐ ❐

तुम अगर मुझको न चाहो तो कोई बात नहीं
तुम किसी और को चाहोगी तो मुश्किल होगी

अब अगर मेल नहीं है तो जुदाई भी नहीं
बात तोड़ी भी नहीं तुमने, बनाई भी नहीं
ये सहारा भी बहुत है मेरे जीने के लिए
तुम अगर मेरी नहीं हो तो परायी भी नहीं

मेरे दिल को न सराहो तो कोई बात नहीं
ग़ैर के दिल को सराहोगी तो मुश्किल होगी

तुम हसीं हो, तुम्हें सब प्यार ही करते होंगे
मैं जो मरता हूँ तो क्या और भी मरते होंगे
सब की आंखों में इसी शौक़ का तूफां होगा
सब के सीने में यही दर्द उभरते होंगे

मेरे ग़म में न कराहो तो कोई बात नहीं
और के ग़म में कराहोगी तो मुश्किल होगी

फूल की तरह हंसो सब की निगाहों में रहो
अपनी मासूम जवानी की पनाहों में रहो
मुझ को वो दिन न दिखाना तुम्हें अपनी ही क़सम
मैं तरसता रहूँ तुम ग़ैर की बाहों में रहो?

तुम जो मुझसे न निबाहो तो कोई बात नहीं
किसी दुश्मन से निबाहोगी तो मुश्किल होगी।

❐ ❐

तेरे बचपन को जवानी की दुआ देती हूँ
और दुआ देके परेशान-सी हो जाती हूँ

मेरे बच्चे! मेरे गुलज़ार के नन्हे पौधे!
तुझको हालात की आंधी से बचाने के लिए
आज मैं प्यार के आंचल में छिपा लेती हूँ
कल ये कमजोर सहारा भी न हासिल होगा
कल तुझे कांटों भरी राह पै चलना होगा
ज़िन्दगानी की कड़ी धूप में जलना होगा

तेरे बचपन को जवानी की दुआ देती हूँ
और दुआ देके परेशान-सी हो जाती हूँ

तेरे माथे पै शराफत की कोई मुहर नहीं
चन्द बोसे हैं मुहब्बत के सो वो भी क्या हैं
मुझ-सी माओं की मुहब्बत का कोई मोल नहीं
मेरे मासूम फरिश्ते! तू अभी क्या जाने
तुझको किस किस के गुनाहों की सज़ा मिलनी है
दीन और धर्म के मारे हुए इन्सानों की
जो नज़र मिलनी है वो तुझको ख़फा मिलनी है

तेरे बचपन को जवानी की दुआ देती हूँ
और दुआ देके परेशान-सी हो जाती हूँ

बेड़ियाँ लेके लपकता हुआ क़ानून का हाथ
तेरे मां-बाप से जब तुझको मिली ये सौग़ात
कौन लाएगा तेरे वास्ते खुशियों की बारात
मेरे बच्चे! तेरे अंजाम से जी डरता है
तेरी दुश्मन ही न साबित हो जवानी तेरी
कांप जाती है जिसे सोच के ममता मेरी
उसी अंजाम को पहुँचे ना कहानी तेरी

तेरे बचपन को जवानी की दुआ देती हूँ
और दुआ देके परेशान-सी हो जाती हूँ।

❐ ❐

अब कोई गुलशन न उजड़े, अब वतन आज़ाद है
रूह संगा, की हिमालय का बदन आज़ाद है।

खेतियाँ सोना उगाएं, वादियां मोती लुटाएं
आज गौतम की ज़मीं, तुलसी का बन आज़ाद है।

दस्तकारों से कहो, अपनी हुनर मन्दी दिखायें
उँगलियां कटती थीं जिसकी, अब वो फ़न आज़ाद है।

मंदिरों में शंख बाजें, मस्जिदों में हो अज़ान
शेख़ का धर्म और दीने–बरहमन आज़ाद है।

लूट कैसी भी हो अब इस देश में रहने न पाए
आज सब के वास्ते-धरती का धन आज़ाद है।

❐ ❐

बरसो राम धड़ाके से
बुढ़िया मर गई फ़ाक़े से

कलजुग में भी मरती है, सतजुग में भी मरती थी
यह बुढ़िया इस दुनिया में सदा ही फ़ाक़े करती थी
जीना इसको रास न था
पैसा इसके पास न था
इसके घर को देख के लक्ष्मी मुड़ जाती थी नाके से
बरसो राम धड़ाके से!

झूठे टुकड़े खा के बुढ़िया, तपता पानी पीती थी
मरती है तो मर जाने दो पहले भी कब जीती थी?
जय हो पैसे वालों की
गेहूँ के दल्लालों की
इनका हद से बढ़ा मुनाफ़ा कुछ ही कम है डाके से
बरसो राम धड़ाके से!

❐ ❐

यों तो हुस्न हर जगह है, लेकिन इस क़दर नहीं
ऐ वतन की सरज़मीं!

ये खुली खुली फ़िज़ा ये धुला धुला गगन
नदियों के पेच–ओ–ख़म, पर्वतों का बांकपन
तेरी वादियां जवान, तेरे रास्ते हसीं
ऐ वतन की सरज़मीं!

तेरी ख़ाक में बसी, मां के दूध की महक
तेरे रूप में रची, स्वर्गलोक की झलक
हम में ही कमी रही, तुझ में कुछ कमी नहीं
ऐ वतन की सरज़मीं!

नैमतों के दरमियां, भूख प्यास क्यों रहे?
तेरे पास क्या नहीं? तू उदास क्यों रहे?
आम होगी वो खुशी, जो है अब कहीं कहीं
ऐ वतन की सरज़मीं!

तेरी ख़ाक की क़सम हम तुझे सजायेंगे
हर छुपा हुआ हुनर रोशनी में लायेंगे
आने वाले दौर की बरकतों पै रख यक़ीं
ऐ वतन की सरजमीं !

ये दुनिया दोरंगी है–
एक तरफ़ से रेशम ओढ़े, एक तरफ से नंगी है
एक तरफ़ अंधी दौलत की पागल ऐश परस्ती
एक तरफ़ जिस्मों की क़ीमत रोटी से भी सस्ती
एक तरफ़ है सोनागाछी, एक तरफ चौरंगी है
ये दुनिया दोरंगी है!

आधे मुँह पर नूर बरसता, आधे मुँह पर चीरे
आधे तन पर कोढ़ के धब्बे, आधे तन पर हीरे
आधे घर में खुशहाली है, आधे घर में तंगी है
ये दुनिया दोरंगी है!

माथे ऊपर मुकुट सजाए, सर पर ढोए गंदा
दाएं हाथ से भिक्षा मांगे, बाएं से दे चन्दा
एक तरफ़ भंडार चलाए, एक तरफ भिखमंगी है
ये दुनिया दोरंगी है!

इक संगम पर लाती होगी, दुःख और सुख की धारा
नए सिर से करना होगा दौलत का बंटवारा
जब तक ऊंच और नीच है बाकी, हर सूरत बेढंगी है
ये दुनिया दोरंगी है!

❐ ❐

वक्त से दिन और रात, वक्त से कल और आज
वक्त की हर शै गुलाम, वक्त का हर शै पे राज

वक्त की पाबन्द हैं आती जातीं रौनकें
वक्त है फूलों की सेज वक्त है कांटों का ताज

वक्त के आगे उड़ी कितनी तहज़ीबों की धूल
वक्त के आगे मिटे कितने मज़हब और रिवाज़

वक्त की गर्दिश से है चांद तारों का निज़ाम
वक्त की ठोकर में हैं, क्या हुकूमत क्या समाज

आदमी को चाहिए वक्त से डर कर रहे
कौन जाने किस घड़ी वक्त का बदले मिज़ाज

❐ ❐

तोरा मन दरपन कहलाए–
भले बुरे सारे कर्मों को देखे और दिखाए
तोरा मन दरपन कहलाए !

मन ही देवता, मन ही ईश्वर, मन से बड़ा न कोय
मन उजियारा जब–जब फैले, जग उजियारा होय
इस उजले दरपन पर प्राणी, धूल न जमने पाए
तोरा मन दरपन कहलाए !

सुख की कलियां, दुख के कांटे, मन सब का आधार
मन से कोई बात छिपे ना, मन के नैन हजार
जग से चाहे भाग ले कोई, मन से भाग न पाए
तोरा मन दरपन कहलाए !

❐ ❐

किसी पत्थर की मूरत से मुहब्बत का इरादा है
परस्तिश की तमन्ना है, इबादत का इरादा है।

जो दिल की धड़कनें समझे न आंखों की ज़ुबां समझे
नज़र की गुफ़्तगू समझे न जज़्बों का बयां समझे
उसी के सामने उसकी शिकायत का इरादा है।

सुना है हर जवां पत्थर के दिल में आग होती है
मगर जब तक न छेड़ो, शर्मगीं पर्दे में सोती है
ये सोचा है कि दिल की बात उसके रू-बरू कह दें
नतीजा कुछ भी निकले आज अपनी आरज़ू कह दें
हर इक बेजा तकल्लुफ से बग़ावत का इरादा है।

❐ ❐

मैंने देखा है कि फूलों से लदी शाखों में
तुम लचकती हुई यूँ मेरे करीब आई हो
जैसे मुद्दत से यूँही साथ रहा हो अपना
जैसे अब की नहीं बरसों की शनाभाई हो

मैंने देखा है कि गाते हुए झरनों के क़रीब
अपनी बेताबी–ए जज़्बात कही है तुमने
कांपते होठों से, रुकती हुई आवाज़ के साथ
जो मेरे दिल में थी वह बात कही है तुमने

आंच देने लगा क़दमों के तले बर्फ़ का फर्श
आज जाना कि मुहब्बत में है गर्मी कितनी
संगमरमर की तरह सख्त बदन में तेरे
आ गई है मेरे छू लेने से नर्मी कितनी

हम चले जाते हैं और दूर तलक कोई नहीं
सिर्फ पत्तों के चटखने की सदा आती है
दिल में कुछ ऐसे ख़यालात ने करवट ली है
मुझ को तुम से नहीं अपने से हया आती है

❐ ❐

छू लेने दो नाज़ुक होठों को, कुछ और नहीं हैं जाम है यह
क़ुदरत ने जो हम को बख़्शा है, वो एक हसीन इनाम है यह

शर्मा के न यूँही खो देना रंगीन जवानी की घड़ियां
बेताब धड़कते सीनों का अरमान भरा पैग़ाम है यह

अच्छों को बुरा साबित करना दुनिया की पुरानी आदत है
इस मै को मुबारक चीज़ समझ, माना कि बहुत बदनाम है यह

दोहे

खुले गगन के पंछी घूमें डाली डाली
मैं क्या जानूं उड़ना क्या है मैं पिंजरे की पाली

गमले के इस फूल का जीवन, मेरी कथा सुनाए
इसी के अंदर खिले बिचारा, इसी में मुरझा जाए

शीशे के ताबूत में जैसे मछली माथा पटके
पत्थर के इस बंदी–घर में मेरी आत्मा भटके

❐ ❐

❄

मैंने पी शराब, तुमने क्या पिया? आदमी का खून!

मैं ज़लील हूँ

तुम को क्या कहूँ!

तुम पियो तो ठीक	हम पियें तो पाप
तुम जियो तो पुण्य	हम जिएँ तो पाप
तुम शरीफ़ लोग	तुम अमीर लोग
हम तबाह हाल	हम फ़कीर लोग
ज़िन्दगी भी रोग,	मौत भी अजीब
	मैंने पी शराब!

तुम कहो तो सच	हम कहें तो झूठ
तुम को सब मुआफ़	ज़ुल्म हो कि लूट
तुमने कितने दिल	चाक कर दिए
कितने बसते घर	ख़ाक कर दिए
मैंने तो किया,	खुद को ही खराब
	मैंने पी शराब!

रीत और रिवाज	सब तुम्हारे साथ
धर्म और समाज	सब तुम्हारे साथ
अपने साथ क्या?	धूल और धुआँ
आज चाहे तुम	नोच लो जुबां

आने वाला दौर लेगा सब हिसाब

मैंने पी शराब!

तुमने क्या पिया आदमी का खून

मै ज़लील हूँ, तुमको क्या कहूं?

❑ ❑

जब भी जी चाहे नई दुनिया बसा लेते हैं लोग
एक चेहरे पै कई चेहरे लगा लेते हैं लोग

याद रहता है किसे गुज़रे ज़माने का चलन
सर्द पड़ जाती है चाहत, हार जाती है लगन

अब मुहब्बत भी है क्या?
इक तिजारत के सिवा
हम ही नादां थे जो ओढ़ा बीती यादों का कफ़न
वरना जीने के लिए सब कुछ भुला लेते हैं लोग

जाने वो क्या लोग थे जिनको वफ़ा का पास था
दूसरे के दिल पै क्या गुज़रेगी ये अहसास था

अब हैं पत्थर के सनम
जिन को अहसास न ग़म
वह ज़माना अब कहां जे अहले दिल को रास था
अब तो मतलब के लिए नामे्-वफ़ा लेते हैं लोग

❐ ❐

बांट के खाओ इस दुनिया में, बांट के बोझ उठाओ
जिस रस्ते में सब का सुख हो, वह रस्ता अपनाओ
इस तालीम से बढ़ कर जग में कोई नहीं तालीम
कह गए फादर इब्राहीम!

कुत्ते से क्या बदला लेना, गर कुत्ते ने काटा
तुमने गर कुत्ते को काटा, क्या थूका क्या चाटा
तुम इंसां हो यारों, अपनी कुछ तो करो ताज़ीम
कह गए फादर इब्राहीम!

झूठ के सर पर ताज भी हो तो झूठ का भांडा फोड़ो
सच चाहे सूली चढ़वा दे सच का साथ न छोड़ो
कल वह सच अमृत होगा जो आज है कड़वा नीम
कह गए फादर इब्राहीम!

❑❑

❄

बिना सिफ़ारिश मिले नौकरी, बिन रिश्वत हो काम
इसी को अनहोनी कहते हैं, इसी का कलयुग नाम
वतन का क्या होगा अजाम?
बचा ले ऐ मौला, ऐ राम!

रिश्वत पर चलते थे चक्कर छोटे हों या मोटे
बंद हुई ये रस्म तो धंधे हो जायेंगे खोटे
घर घर में मातम होगा, दफ्तर–दफ़्तर कुहराम
बचा ले ऐ मौला, ऐ राम!

यही चला अब ढंग तो यारो होंगे बुरे नतीजे
भूखे मरेंगे नेताओं के बेटे और भतीजे
जितनी इज्ज़त बनी थी अब तक, सब होगी नीलाम
बचा ले ऐ मौला, ऐ राम

रिश्वत से मुंह बंद थे सबके, अब फूटेंगे भांडे
पता चलेगा किसके किससे मिले हुए थे डांडे
कौन-सा ठेका लेकर किसने कितना माल बनाया
कितनी उजरत दी लोगों को कितना बिल दिखलाया

कौन-सी फ़ाइल किस दफ़्तर से कैसे हो गई चोरी
किसने कितनी ग़द्दारी की, कितनी भरी तिजोरी
क़िस मिल मालिक के पैसे ने कितने वोट कमाए
कुर्सी मिली तो देश भक्त ने कितने नोट कमाए?
रिश्वत ही से छुपे हुए थे सब काले करतूत
नंगे हो कर सामने आयेंगे अब सभी सपूत
दुनिया भर के मुल्कों में होगा भारत बदनाम
बचा ले ऐ मौला, ऐ राम!

❐ ❐

क्या मिलिए ऐसे लोगों से जिनकी फ़ितरत छिपी रहे
नक़ली चेहरा समाने आए, असली सूरत छिपी रहे

खुद से भी जो खुद को छिपाएं, क्या उनसे पहचान करें
क्या उनके दामन से लिपटें, क्या उनका अरमान करें

जिनकी आधी नीयत, उभरे, आधी नीयत छिपी रहे
नक़ली चेहरा सामने आए असली सूरत छिपी रहे

जिनके ज़ुल्म से दुखी है जनता, हर बस्ती हर गांव में
दया-धर्म की बात करें वह, बैठ के सजी सभाओं में

दान का चर्चा घर घर पहुँचे, लूट की दौलत छिपी रहे
नक़ली चेहरा सामने आए, असली सूरत छिपी रहे

देखें इन नक़ली चेहरों की, कब तक जय जय कार चले
उजले कपड़ों की तह में, कब तक काला बाज़ार चले

कब तक लोगों की नज़रों से छिपी हकीक़त छिपी रहे
नक़ली चेहरा सामने आए असली सूरत छिपी रहे

❒ ❒

अपने अंदर ज़रा झांक मेरे वतन
अपने ऐबों को मत ढांक मेरे वतन!

तेरा इतिहास है खून में लिथड़ा हुआ
तू अभी तक है दुनिया में पिछड़ा हुआ
तूने अपनों को अपना न माना कभी
तूने इंसा को इंसा न जाना कभी
तेरे धर्मों ने ज़ातों की तक़्सीम की
तेरी रस्मों ने नफ़रत की तालीम दी
वहशतों का चलन तुझमें जारी रहा
क़त्ल–ओ–खूँ का जुनूं तुझ पै तारी रहा
अपने अन्दर ज़रा झांक मेरे वतन!

तू द्राविड़ है या आर्य नस्ल है
जो भी है सब इसी ख़ाक की फ़स्ल है
रंग और नस्ल के दायरे से निकल
गिर चुका है बहुत देर, अब तो संभल
तेरे दिल से जो नफ़रत न मिट पायगी
तेरे घर में ग़ुलामी पलट आयेगी
तेरी बर्बादियों का तुझे वास्ता
ढूंढ़ अपने लिए अब नया रास्ता
अपने अंदर ज़रा झांक मेरे वतन!
अपने ऐबों को मत ढांक मेरे वतन!

❐ ❐

मिलती है ज़िन्दगी में मुहब्बत कभी-कभी
होती है दिलबरों की इनायत कभी-कभी

शरमा के मुँह न फेर नज़र के सवाल पर
लाती है ऐसे मोड़ पै क़िस्मत कभी-कभी

खुलते नहीं है रोज़ दरीचे बहार के
आती है जानेमन! ये क़यामत कभी-कभी

तनहा न कट सकेंगे जवानी के रास्ते
पेश आयेगी किसी की ज़रूरत कभी-कभी

फिर खो न जाएं हम कहीं दुनिया की भीड़ में
मिलती है पास आने की मोहलत कभी-कभी

❑ ❑

हर तरह के जज़्बात का ऐलान हैं आंखें
शबनम कभी, शोला कभी तूफान हैं आंखें

आंखों से बड़ी कोई तराजू नहीं होती
तुलना है बशर जिसमें वो मीज़ान हैं आंखें

आंखें ही मिलाती हैं ज़माने में दिलों को
अनजान हैं हम तुम अगर अनजान हैं आंखें

लब कुछ भी कहें इससे हक़ीक़त नहीं खुलती
इन्सान के सच झूठ की पहचान हैं आंखें

आंखें न झुकें तेरी किसी ग़ैर के आगे
दुनिया में बड़ी चीज़ मेरी जान! हैं आंखें

❐ ❐

बाबुल की दुआएं लेती जा, जा तुझ को सुखी संसार मिले
मैके की कभी ना याद आए, ससुराल में इतना प्यार मिले

नाज़ों से तुझे पाला मैंने, कलियों की तरह फूलों की तरह
बचपन में झुलाया है तुझको बाहों ने मेरी झूलों की तरह
मेरे बाग़ की ऐ नाज़ुक डाली! तुझे हर पल नई बहार मिले

जिस घर से बंधे हैं भाग तेरे, उस घर पे सदा तेरा राज रहे
होठों पै हंसी की धूप खिले, माथे पै खुशी का ताज रहे
कभी जिस की जोत न हो फीकी, तुझे ऐसा रूप सिंगार मिले

बीतें तेरे जीवन की घड़ियां, आराम की ठंडी छांवों में
कांटा भी न चुभने पाए कभी, मेरी लाडली तेरे पांवों में

उस द्वार से भी दुःख दूर रहे, जिस द्वार में तेरा द्वार मिले
मैके की कभी न याद आए, ससुराल में इतना प्यार मिले।

❐ ❐

दूर रह कर न करो बात, क़रीब आजाओ
याद रह जायेगी यह रात, क़रीब आ जाओ

एम मुद्दत से तमन्ना थी तुम्हें छूने की
आज बस में नहीं जज़्बात, क़रीब आजाओ

सर्द झोंकों से भड़कते हैं बदन में शोले
जान ले लेगी ये बरसात, क़रीब आजाओ

इस क़दर हमसे झिझकने की ज़रूरत क्या है
ज़िन्दगी भर का है अब साथ, क़रीब आजाओ

❐ ❐

नीले गगन के तले धरती का प्यार पले
ऐसे ही जग में आती हैं सुबहें, ऐसे ही शाम ढले
नीले गगन के तले!

शबनम के मोती फूलों पै बिखरे, दानों की आस फले
बल खाती बेलें, मस्ती में खेलें, पेड़ों से मिल के गले
नदिया का पानी दरिया से मिलकर, सागर की ओर चले
नीले गगन के तले
धरती का प्यार पले!

❐ ❐

तुम अपना रंज–ओ–ग़म, अपनी परेशानी मुझे दे दो
तुम्हें इन की क़सम, ये दुख़ ये हैरानी मुझे दे दो

मैं देखूँ तो सही, दुनिया तुम्हें कैसे सताती है?
कोई दिन के लिए अपनी निगहबानी मुझे दे दो

ये माना मैं किसी क़ाबिल नहीं हूँ इन निगाहों में
बुरा क्या है अगर इस दिल की वीरानी मुझे दे दो

वो दिल जो मैंने मांगा था मगर ग़ैरों ने पाया था
बड़ी शै है अगर इसकी पशेमानी मुझे दे दो

❐ ❐

मन रे! तू काहे न धीर धरे
वह निर्मोही मोह न जानें, जिन का मोह करे
मन रे! तू काहे न धीर धरे

इस जीवन की चढ़ती ढलती धूप को किसने बांधा
रंग पै किसने पहरे डाले, रूप को किसने बांधा
काहे ये जतन करे?
मन रे! तू काहे न धीर धरे

उतना ही उपकार समझ, कोई जितना साथ निभादे
जनम–मरन का मेल है सपना, ये सपना बिसरा दे
कोई ना संग मरे
मन रे ! तू काहे न धीर धरे

❐ ❐

पिघली आग से साग़र भर ले
कल मरना है आज ही मर ले
अब न कभी ये रात ढलेगी, अब न कभी जागेगा सवेरा
सोच है किसकी, फ़िक्र है किसकी, इस दुनिया में कौन है तेरा?
कोई नहीं जो तेरी खबर ले
पिघली आग से साग़र भर ले

क़ुदरत अंधी, दुनिया बहरी
काले पड़ गए, ख़्वाब सुनहरी
तोड़ भी दे उम्मीद का रिश्ता, छोड़ भी दे जज़्बात से लड़ना
आज नहीं तो कल समझेगा, मुश्किल है हालात से लड़ना
जो हालात करायें कर ले
पिघली आग से साग़र भर ले

बन्द है नेकी का दरवाज़ा
आप उठा ले अपना जनाज़ा
कोई नहीं जो बोझ उठाए, अपनी ज़िन्दा लाशों का
ख़तम भी करदे आज फ़साना, इन बेदर्द तमाशों का
जाने तमन्ना, जां से गुज़र ले
पिघली आग से सागर भर ले

❐ ❐

हर वक़्त तेरे हुस्न का होता है समां और
हर वक़्त मुझे चाहिए अंदाज़े–बयां और

फूलों-सा कभी नर्म तो शोलों-सा कभी गर्म
मस्ताना अदा में, कभी शोख़ी है कभी शर्म

हर सुबह गुमां और है, हर रात गुमां और
हर वक्त तेरे हुस्न का होता है समां और

भरने नहीं पातीं तेरे जल्वों से निगाहें
थकने नहीं पातीं तुझे लिपटाके ये बाहें

छू लेने से होता है, तेरा जिस्म जवां और
हर वक्त तेरे हुस्न का होता है समां और

❐ ❐

संसार की हर शै का इतना ही फ़साना है
इक धुंध से आना है, इक धुंध में जाना है

ये राह कहा से है, ये राह कहां तक है?
ये राज कोई राही समझा है न जाना है

इक पल की पलक पर है ठहरी हुई ये दुनिया
इक पल के झपकने तक हर खेल सुहाना है

क्या जाने कोई किस पर, किस मोड़ पै क्या बीते
इस राह में ऐ राही! हर मोड़ बहाना है

❐ ❐

मिले जितनी शराब, मैं तो पीता हूँ
रखे कौन ये हिसाब? मैं तो पीता हूँ

इक इंसान हूँ, मैं फ़रिश्ता नहीं
जो फ़रिश्ता बने उनसे रिश्ता नहीं

कहो अच्छा या खराब, मैं तो पीता हूँ
मिले जितनी शराब, मैं तो पीता हूँ

होश मुझ को रहे, तो सितम घेर लें
कई दुःख घेर लें, कई ग़म घेर लें

सहे कौन ये अज़ाब, मैं तो पीता हूँ
मिले जितनी शराब, मैं तो पीता हूँ

कोई अपना अगर हो तो टोके मुझे
मैं ग़लत कर रहा हूँ तो रोके मुझे

किसे देना है हिसाब? मैं तो पीता हूँ
मिले, जितनी शराब, मैं तो पीता हूँ

❐ ❐

अपनी दुनिया पै सदियों से छाई हुई,
ज़ुल्म और लूट की संगदिल रात है
ये न समझो कि ये आज की बात है!

जब से धरती बनी, जब से दुनिया बसी
हम यूं ही ज़िन्दगी को तरसते रहे
मौत की आंधियां घिर के छाती रहीं
आग और ख़ूँ के बादल बरसते रहे

तुम भी मजबूर हो, हम भी मजबूर हैं
क्या करें ये बुज़ुर्गों की सौग़ात है
ये न समझो कि ये आज की बात है!

हम अंधेरी गुफाओं से निकले मगर
रोशनी अपने सीनों से फूटी नहीं,
हमने जंगल तो शहरों में बदले मगर
हमसे जंगल की तहज़ीब छूटी नहीं

अपनी बदनाम इंसानियत की क़सम
अपनी हैवानियत आज तक साथ है
ये न समझो कि ये आज की बात है!

हमने सुक़रात को ज़हर की भेंट दी
और मसीहा को सूली का तख़्ता दिया
हमने गांधी के सीने को छलनी किया
कनेडी सा जवां खूँ में नहला दिया

हर मुसीबत जो इंसान पर आई है
इस मुसीबत में इंसान का हाथ है

हिरोशिमा की झुलसी ज़मीं की क़सम
नागा साकी की सुलगी फ़िज़ा की क़सम
जिन पै जंगल का क़ानून भी थूक दे
ऐटमी दौर के वो दरिन्दे हैं हम

अपनी बढ़ती हुई नस्ल खुद फूँक दे
ऐसी बदज़ात अपनी ही इक़ ज़ात है
ये न समझो कि ये आज की बात है !

हम, तबाही के रस्ते पै इतना बढ़े
अब तबाही का रास्ता ही बाकी नहीं
खूने–इंसाँ जहाँ साग़रों में बंटे
इससे आगे वो महफ़िल वो साक़ी नहीं
इस अंधेरे की इतनी ही औक़ात थी

इससे आगे उजालों की बारात है
ये न समझो कि ये आज की बात है!

❐ ❐

हर तरक़्क़ी की रस्ते पै मीलों चले-इस तिरंगे तले
और आगे बढ़ेंगे अभी मन चले-इस तिरंगे तले

वो हमीं थे जो अपने वतन के लिए, सामराजी लुटेरों से टकरा गए
लब पै आज़ाद भारत का नारा लिये, चढ़के फांसी के तख़्तों पै लहरा गए
अपना हक़ अपने दुश्मन से लेकर टले
इस तिरंगे तले!

दीन और धर्म के फ़र्क़ को भूलकर, इक नए हिन्द की हमने तामीर की
जिसमें सबको बराबर सहूलत मिले ऐसी दुनिया बनाने की तदबीर की
इल्म-ओ-तहज़ीब के ख़्वाब फूले फले
इस तिरंगे तले!

जब भी सरहद पै खूँख़ार लश्कर बढ़े, मुल्क की सालमियत को ललकारने
एक होकर सभी भारती चल पड़े, अपनी धरती पै जिस्म और जां वारने
तै हुए कैसे कैसे कठिन मरहले
इस तिरंगे तले!

हमने जागीरदारी को रुख़सत किया, अब ये सरमायादारी भी मिट जायगी
चंद हाथों में दौलत न रह पायगी। भूख बेरोज़गारी भी मिट जायगी
जाग उठे है दिलों में नए वलवले
इस तिरंगे तले!

अपनी मन्सूबाबंदी सलामत रहे, चोरबाज़ार वालों से निपटेंगे हम
आज संकट में है देश तो क्या हुआ, देश के सब सवालों से निपटेंगे हम
ऐसे संकट कई बार आकर टले
इस तिरंगे तले!

अम्न-ओ-इन्सानियत अपना आदर्श है, अपने आदर्श से मुँह न मोड़ेंगे हम
सर से कैसा भी तूफ़ान गुज़रे मगर, जंगबाज़ों से रिश्ता न जोड़ेंगे हम
हम ये देखेंगे नेहरू की ज्योति जले
इस तिरंगे तले!

बाप का ख़्वाब बेटी के हाथों फले
इस तिरंगे तले।

❐ ❐

कोरस

हम मज़दूर के साथ हैं, हम किसान के साथ हैं
वो जो हमारे साथ नहीं हैं, बोलो किसके साथ हैं?

एक आवाज़—वो धनवान के साथ हैं!

हम कहते है देश के धन पर जनता का अधिकार बने
जिसमें ऊँच और नीच न हो ऐसा सुन्दर संसार बने

हम नवयुग की नई नस्ल के, नए ज्ञान के साथ हैं
वो जो हमारे साथ नहीं हैं बोलो किसके साथ हैं?

एक आवाज–वो अज्ञान के साथ हैं!

हम कहते हैं भारत का इतिहास लहू में गर्क़ न हो
ज़ातों, धर्मों, और नस्लों का इस धरती पै फ़र्क़ न हो

हम हर इक भारत वासी के धर्म-ईमान के साथ हैं
वो जो हमारे साथ नहीं हैं बोलो किसके साथ हैं?

एक आवाज़–बेईमान के साथ हैं!

हम कहते हैं तोड़ के रख दो ज़ोर इजारादारी का
कब तक जनता बोझ सहेगी, ग़ुरबत और बेकारी का

हम मेहनत करने वाले भूखे इन्सान के साथ हैं
वो जो हमारे साथ नहीं हैं, बोलो किसके साथ हैं?

एक आवाज़ः–वो पकवान के साथ है!

हम कहते हैं फ़स्ल खिले अब जनता के अरमानों की
मिलों पै मज़दूरों का हक़ हो, खेती हो दहक़ानों की

हम इक बनते और संवरते हिन्दुस्तान के साथ हैं
वो जो हमारे साथ नहीं हैं बोलो किसके साथ हैं?

एक आवाज़ः– वो शमशान के साथ हैं।

❐ ❐